群馬の怖い話2

志月かなで

群馬の怖い話2　目次

一　ふたつの、石にまつわる話

（沼田市）

これは下沼田町在住の会社役員、Sさんの体験だ。Sさんは四十代後半の女性で、中学生の頃に強烈な霊能力に目覚めたという。この世のものではない存在が見え始めたばかりの頃は、自分への「助けて欲しい」という霊からの訴えに応えるべく、用聞きばかりをしていたそうだ。母親の助言でお寺や神社に通い、苦労を重ねながら霊と上手く付き合う方法を学んでいったという。

そんなSさんが高校生の時にはこんなことがあった。深夜眠っているときに金縛りにあって目を開けると、部屋の片隅にひどく腰の曲がった見知らぬお婆さんがいたのだ。

（なんだか、苦しそう……）

Sさんはお婆さんのことをどうにかやり過ごそうとしたが、翌日もその翌日も金縛りにあい、目を開けると同じお婆さんが立っていたという。

（ああ、今日もいるわ……）


一週間が経ったとき、Sさんは決心した。

（これは話を聞いてあげないと、ずっと出てくるんだろうなぁ）

そう思ったSさんがお婆さんの話を聴くと、お婆さんの頼みはこうだった。お婆さんが入っている墓の拝石にあたる部分に別の石が倒れてきており、そのちょうど真下に自分の骨壺があるため、背中が重たくて苦しいという。

（ああ、だからこんなに腰が曲がってたんだ……）

霊の苦しみを取り除くため、Sさんは動くことにした。


Sさんの住む町内は、四つの班に分かれていた。その班によって町内活動や掃除をする。Sさんは当時四班に所属していたが、お婆さんは一班の家だったので、活動が一緒になったことはなかった。お婆さんの親族であるAさんとは顔見知りだったので、SさんはAさんの家に行ってチャイムを鳴らした。

「いきなりこんなことを言って驚かれると思うんですけれども……。ご先祖様が、拝石の上に石が倒れてきていて、重たいとおっしゃっています」

Sさんが注意深くそのように伝えると、Aさんは驚いた。

「なんだいそれ、本当にそんな石があるの？」


墓はすぐ近くにあると言われ、SさんはAさんとともにその現場を訪れた。すると、やはり石が倒れていたという。三十センチくらいの平らな石だった。お婆さんはこの石が背中に載って重たいと言っていたのだ。

「ありゃ、本当だ！　こりゃお婆ちゃん重たかったねえ」

Aさんが元の場所にその石を戻すと、それからお婆さんはSさんの元に現れなくなったという。


Sさんは語る。

「今は、必要ならば見るけれど、必要でなければ見ないようにしているの。こっちの人が困っていたら、そりゃあ助けるけど」

見るとは霊視のことで、こっちの人とは我々生きている人間のことである。

「こっちの人が困っているとは、例えばどんなことですか？」

筆者が尋ねると、Sさんはこう答えた。

「この間は知り合いのBさんのお父さんが借金の保証人になって、うつになっちゃって。どうしてこうなってしまったんだってBさんから相談があったの」

Sさんが電話で相談を受け、Bさんのお父さんのことを霊視してみたところ、仏壇の中に赤い石があり、どうやらそれが原因であることが分かったという。SさんはBさんにこう伝えた。

「Bさんの家のお仏壇があるよね。その仏壇の中に赤い石が入ってるから、それを出して」

電話越しのBさんはすぐには信じなかった。

「毎日お仏壇にお線香をあげているけど、そんなものないよ」

「いや、でも赤いものが見えるから、赤いもの出して」

Bさんが電話を片手に仏壇の扉を開けると、御影石のような赤い石がころりと出てきた。

「うそ、本当にあった……」

「その石は、元の持ち主に返してね」

Sさんの言う通りに赤い石を返すと、それからBさんの父の容体も回復したという。Bさんによれば、その赤い石は父の友人が亡くなった際、父が形見分けでもらったものだったそうだ。

御影石はその言葉が表しているように、霊的なものを吸い込みやすい石だ。霊魂が宿りやすい石だから墓石にも使われている。その御影石を形見分けでもらうということは、亡くなった人の魂の一部をもらうようなものだといえる。おそらく赤い石には亡くなった方の何かしらの思念が宿っており、それでBさんの父も良くない方向に引っ張られたのではないだろうか。

筆者が「霊能力を活かして仕事をしようと思ったことはないのですか」と尋ねると、Sさんの答えはこういうものだった。

「私はね、仕事にしたりお金に変えたりすると、力が薄れると思っているの。貪欲になってしまう。実際に困っている人にも『大変ですよ』というだけでは分かってもらえないけど、『これがあるから出して』と言うと現実として信じてもらえる」

世間一般には知られていないところで、確かにあの世からの声をこの世に届けてくれる人がいる。そう教えられた出来事だった。

二　I小学校とのお別れ

（利根郡）

これはかつて利根郡のI小学校に通っていたゆいさんの体験である。ゆいさんは霊的な存在と波長の合いやすい女性で、複数の心霊体験をしている。

I小学校は明治九年創立で長い歴史がある。ゆいさんは昭和四十三年に竣工した木造校舎で学んでいたが、平成十四年度、ゆいさんが五年生の時に廃校が決まった。現在は映画やプロモーションビデオの撮影に引き合いが強く、実写版映画『暗殺教室』のロケ地のほか、『学校の怪談2』や欅坂46のミュージックビデオのロケ地としても有名だ。

ゆいさんが通っていた当時は、怖いという漠然とした感覚はあったものの、嫌だと感じるものは溜まっていなかったそうだ。どちらかというと建物が記憶している思い出のような映像が少し見えたり、聴こえたりするくらいだった。

例えばこんなことがあった。放課後、ゆいさんや友人が一階の教室で居残りをしていると、二階で走っている足音や楽しそうに笑っている声がした。

「誰か二階で走ってますね？」

と友人と先生に声をかけるが、先生は、

「ううん、貴方たち以外には誰もいないよ……」

と、言いにくそうにしていたという。先生はほかの生徒が全員帰宅していることを知っていたのだ。

他にも、普段は鍵がかかっていて中には入れない昔のトイレが物置になっていたのだが、ゆいさんが年末の大掃除の際に鍵をあけてそのトイレの中を点検していると、人が走る影を見たという。かつて同じ学校に通っていたゆいさんの姉は、放課後に校庭のブランコに知らない女の子が座っていたのを見たことがあるとも言っていたそうだ。


Ｉ小学校の廃校が決まったのは、ゆいさんが小学五年生の時だった。閉校式は三月で、ゆいさんが六年生になる四月には隣の地区の小学校に移ることに決まっていた。三月の閉校式前に、先生の呼びかけで、全校生徒二十四人で歌を歌うことになった。長く時間を共にした校舎での思い入れが強く、歌は新しく増設された体育館ではなく、音楽室で歌うことに決まった。

「学校や地域にありがとうございましたという気持ちをこめて、歌いましょう」

先生の手でピアノが奏でられる。ゆいさんは身長が高い方で、音楽室でも後ろに並んでいた。ゆいさんの右後ろの方に窓があり、そこからプールや神社、山が見える。そしてゆいさんはその窓のあたりから聞こえてきた声に驚いた。

（えっ？）

ゆいさんたちが校歌の一番を歌い始めてすぐ、その歌声は聴こえ始めていた。

（あれ……やまびこかな？）

ゆいさんは歌い続けていたが、途中ではっと気が付いた。

（違う……！　うちに小さい子はこんなに多くない……）

ゆいさんの耳に聴こえていたのは小学校低学年らしき幼い歌声で、十数人ほどの男女混合のものに思えた。全校生徒二十四人のうち、一年生や二年生は三人しかおらず、こんなにしっかりと聴こえるはずはない。三年生もやはり数えるほどしかいなかったので、全員で歌っていても、高学年の歌声に飲み込まれてしまうのが常だった。それに、ゆいさんの右隣りで歌っている六年生の声よりも、窓の外からの声が大きく聴こえている。窓の外から聴こえる歌声は、一生懸命、ゆいさんたちと一緒に歌っているようだった。

ややや遅れて数名の生徒が、自分たちではない歌声に気が付いた。

「なにこれ⁉」

歌が聴こえている生徒達が驚き、みんな次々と歌うのを止めてしまった。それでも窓の外からの歌声は続いている。その歌声が聴こえていない生徒は不思議そうにしていたが、先生には聴こえていたのだろう。やがてピアノを弾く手も止まった。それでもやはり、歌は続いている。

歌声が聴こえている子たちはいつの間にか涙を流していた。

「きっと、わたしたちじゃない子たちも、お別れしているんだ……」

怖かったのではなく、その歌に共鳴していたのだ。

ゆいさんはこう語る。

「歴史のある校舎だったから、わたしたちじゃない子もきっと、お礼を言いたかったんじゃないかなって。今でも思い出深い体験です」

学校という学び舎には、青春時代を過ごした生徒の様々な思念がある。もしかしたら私たちの目に見えている友達以外にも、同じ時間を過ごした生徒がいたのかもしれない。

今までに卒業した生徒の記憶や思い出が建物に残り続け、百年以上、様々な子供たちの思い出を共有しているうちに巨大なメモリーバンクになっていったのだろう。過去の子どもたちの残留思念が、廃校が決まったタイミングで一斉に再生された貴重な例である。

今もI小学校は、映画やドラマの舞台として、人々の想い出の中に残り続けている。

三　I小学校との再会

（利根郡）

『I小学校とのお別れ』は比較的胸があたたまるような体験だが、ゆいさんはI小学校で恐ろしい体験もしている。

ゆいさんは校内でよく「かまいたち」にあっており、気が付いた時には腕や足がぱっくりと切れていたという。「かまいたち」とは妖怪の一種で、つむじ風にのってあらわれ人を傷つける。かまいたちの爪は鎌のようにするどいため、切られても痛みを感じないとされている。美濃や飛騨ではかまいたちは三人の神のようなもので、一人目がつっかかる、二人目が傷つける、三人目が痛まないよう薬を塗っていくとされた。

ゆいさんの場合も血はほとんど出ておらず、出ていたとしても滲む程度だったそうだ。

（こんなところ、いつの間に切ったんだろう……?）

このような怪異は日常茶飯事で慣れてしまっていたが、いくつか本当に恐ろしいと感じる出来事もあった。

生徒数が少ないので体育は二学年合同で行われることが多かった。ある日、合同でベースボールをしていると、ボールが用具入れの方へ転がっていってしまった。

「あ、ボール取ってきます！」

ゆいさんが友人とボールを拾いに行くと、すりガラスになっている用具入れの窓越しに、誰かがこちらを見ていたという。

その視線を感じたのはゆいさんに限らず、同級生たちも似たような体験があったそうだ。やがて「誰アレ？」と口々に話題にあがるようになった。ある日の体育中、ふと更衣室に目をやると、やはり何者かがこちらを見ている。

「先生！　あの人誰なんですか？　もしかして……幽霊⁉」

生徒の一人が尋ねると、先生は「そんなわけないだろ」と言い、念のため点検しに行ってくれたこともあるそうだが、「誰もいないよ」としか答えてくれなかったという。

グラウンドで体育の授業中、新設された体育館の方からバスケットボールをつく音が聞こえてきたこともあった。全校生徒合わせて二十数名で、二学年が合同で体育をしている中、体育館で授業をしているはずはない。

（誰もいないのにおかしい……！）

体育館に行くにはこのグラウンドか、ここから見える渡り廊下を通るしかない。授業中に誰かが通った形跡はもちろんなかった。

「ねえ先生！　誰か体育館にいる！」

先生にも確実にバスケットボールの音が聴こえているはずなのに、やはり「知らない」と一蹴されたという。

閉校後、ゆいさんは先生にこう尋ねたことがあった。

「先生、絶対あの時のボールの音、聴こえてたでしょ」

するとあれだけ聞く耳を持たなかった先生は、

「崖の下に墓があるから、何か見えてもおかしくはないよな」

と答えたそうだ。

（ということは、先生も何か見たんだな……）

ゆいさんはそう思ったが、具体的に何を見たのかまでは聞けなかったそうだ。

幼少期より霊感が強かったゆいさんは、霊的なものに〝引っ張られやすい〟自覚があった。そして卒業後もＩ小学校に〝呼ばれている〟感覚が強くあったという。

（実家から十分くらいの場所だし、近いからかなあ？）

ゆいさんはあまり気にとめていなかったが、中学生の頃、姉とこんな会話をしたことをよく覚えているという。

姉は家庭の事情で高校進学を前に名古屋に転居し、ゆいさんは群馬に残った。姉が引っ越してしばらくした頃、姉からゆいさんにこんな問いかけがあった。

「呼ばれている気がする。あんた大丈夫？」

当時一緒にＩ小学校に通っていたゆいさんの姉も、卒業後もＩ小学校に〝呼ばれている〟という感覚を強く持っていた。

「え……？　私もその感覚はあるけど、私たち、Ｉ小学校が閉校になる時にすごくショックだったから、仕方ないんじゃないかな」

姉も〝呼ばれていた〟ことを知り、ゆいさんは妙に納得してそう答えた。だが、電話を切った後でひとつ気にかかることがあった。

（〝呼ばれている〟のは、家が近いからだけが理由じゃないんだ……。「大丈夫？」って、どういう意味だろう……）

ゆいさんにとってこの時の姉の問いかけは妙に心に残った。


その後、ゆいさんは高校で怪談が好きな異性の友人が二人出来た。好奇心旺盛で幽霊を見てみたいというBと、霊感の強い家系のCさんだった。

BはI小学校に興味深々で、免許を取得してすぐ、自分の車でI小学校を訪れたいと言い出した。

「三人いれば大丈夫っしょ！　俺、車出すからさ」

閉校後数年が経ったI小学校は人も寄り付かず、心霊スポットのようになっていた。

（確かに……ずっと〝呼ばれている〟し、一度くらい見に行くのもいいのかも）

ゆいさんはそう思い、二人に同行することになった。

三人は夕方にＩ小学校を訪れた。西日に照らされた校舎は当時よりもかなり朽ちて見え、思い出の場所が廃れている事実を目の当たりにしたゆいさんは悲しくなった。

（たった数年でこんなに変わっちゃうんだ……）

ずっと目を向けているのもつらくなり、ゆいさんは二人に向かってこう言った。

「もう車の中戻っていいかな……見ているのがしんどいから」

「いや、お前ここに通ってたんだろ？　なら案内してよ」

Ｂは手当たり次第に窓の鍵などをガチャガチャといじり始めた。

「どっかから中に入れないかな」

「無理だって！　やめようよ」

ゆいさんがＢを止めようと窓に触った瞬間、意識が半分抜け落ちたような感覚があった。

（頭がぼーっとする……やばい……）

半分だけ残った意識でそう感じた。だが、この時にはもう「帰ろう」以外の言葉を口にすることが出来なくなっていた。

ゆいさんの様子に気付いたＣさんが二人の間に割って入った。

「本当に危なそうだ。もう帰ろう」

Cさんが促したが、Bはきかない。

「いいじゃないですか！　せっかく来たんだからもうちょっと行きましょうよ」

ゆいさんの記憶はここで途絶えているという。そのため、以降は友人から聞いた話だ。

その後、ゆいさんが先導する形で三人は校舎の裏に回った。

友人によれば、ゆいさんはそれまでの恐々とした様子もなく淡々とこう言ったという。

「建物に入りたいんだっけ」

Bは食い気味でその先を知りたがった。

「どっかあいてんの？　知ってんの？」

ゆいさんは在校中も入ったことのない場所を迷うことなくまっすぐ歩いていく。

「ここだよ」

ゆいさんが開けたのは、当時物置き小屋に使われていたが、生徒の出入りが禁止されていた場所だった。本来ならゆいさんが知るはずのない場所だ。さらにもう一か所の引き戸も開ける。

「ほら」

すると、廊下を青白い男の子が腹這いで移動していた。三人を見て笑っている。

「うわあああああ!!」

とっさにCさんが大声をあげ、それをきっかけにゆいさんも意識を取り戻した。

「えっ!? 何……!?」

震えるゆいさんをCさんが引っ張り、三人は逃げるようにして車へと戻った。


I小学校から離れ、沼田の公園に着いたところで、Cさんがゆいさんにお清めの塩を振ってくれた。

「ありがとう……」

Bは男の子の姿は見えなかったものの、突き刺すような寒気を感じ取っていたらしい。

「本当にすごかったんだよ!」

と、興奮気味に何度も繰り返していた。これに対し、Cさんはたしなめるようにこう言った。

「お前は本当に反省しろ。俺はゆいがあの引き戸を開ける前から、寒気も独特な空気の重みも感じてた。だから、ゆいが引き戸に手をかけたとき、何かあったら二人を掴んで逃げようと準備してたよ」

「そうだったんだ……ありがとう」

ゆいさんは、Cさんがいなかったら本当に危なかったかもしれないと思いながら、その日は帰路についた。


ゆいさんはその後、夢で〝引っ張られ〟続けたという。

ゆいさんいわく〝引っ張られて夢に落ちた〟次の瞬間には、明晰夢の状態で校内を歩いている。すると、あの青白い男の子が問いかけてくる。

「どうして一人にしたの?」

「……っ!」

いつもそこで目が覚める。身体はじっとりと汗をかいていた。霊的なものとこれほど波長が合うのは久しぶりのことだった。

当時のゆいさんはオニキスなどのパワーストーンを握りしめた状態で就寝することが多く、夢に引っ張られる際も石を握りしめていたそうだ。

夢を見続けて十日目には不眠症に陥っており、夜ではなく、昼に浅い眠りについた。

その日の夢はいつもと違い、保健室から始まった。
（あ……、これは今日、連れていかれるんだな……）
そう思った瞬間に、
パキッ
と音がして目が覚めた。見ると、握りしめたパワーストーンに大きなヒビが入っていた。

それ以来、青白い少年の夢を見ることはなくなったが、

（やっぱりＩ小学校には何かがあるんだ……）

と、ゆいさんはＩ小学校を避けるようになっていった。


そして八年前、ゆいさんはまたもＩ小学校を訪れることとなった。当時交際していた彼氏とドライブデートの最中にＩ小学校の話になったのだ。

「なんか映画のパッケージになったんでしょ？　行ってみたい」

無邪気に言い出した彼氏に対し、ゆいさんは以前のことを思い出して強く拒否した。

「いや!!　私は絶対に行かないからね！　行くなら一人で行って」

「分かった。じゃあゆいは車の中にいていいから、場所だけ案内してよ」

彼氏はＩ小学校へ向かうべくハンドルを切った。

（外から見るだけなら……きっと大丈夫……）

ゆいさんは絶対に車から降りないと自分に言い聞かせ、道案内を始めた。Ｉ小学校へは体育館側の坂を上っていくか、校舎の入り口から入るしかない。

「体育館側の坂を上がろう。こっちだよ」

ゆいさんの案内で車が体育館側の坂を上っていく途中、ゆいさんはある存在を見つけた。

暗闇の中、作業服を着たおじさんの姿がそこにあった。幸い、こちらに気が付いてはいないようだ。

（これはもし気が付かれたら面倒くさいことになるな……）

そう思ったゆいさんは、

「絶対に、車から降りないでね。危ないし、何かあっても責任取れないし……。もし私がおかしくなったら、その時はどうもできないから」

と念を押し。

「分かった。車から覗くだけな」

彼氏は頷いて車を走らせる。

やがて坂を上った先には向かって左側に体育館、右側に校舎があり、車のヘッドライトがグラウンドを照らしていた。そしてゆいさんは左側にある違和感に気が付いた。

（やっぱり……付いてきちゃったか……）

車の左側、体育館の方にあの作業服を着たおじさんが立っていたのだ。

（あれっ……）

ゆいさんはそこではっと気が付いた。学校に通っていた当時、体育の授業の際に更衣室の前ですりガラス越しに誰かがこちらを見ていたことを思い出したのだ。作業服を着たおじさんは、今、ちょうどあのすりガラスの前に立っている。

（もしかして、あの時こっちを見ていたのって……！）

ゆいさんが過去の記憶を思い出していると、彼氏から声がかかった。

「真っ暗だな……何も見えないし、ちょっとだけ近づいてみない？」

どうやら彼にはおじさんの姿は見えていないようだ。ゆいさんはあのおじさんの方を見るのがおそろしく、ずっと下を向きながら、

「もう知らない」

と繰り返した。すると彼氏も諦めがついたようだった。

「しょうがない、……じゃあ、もう戻るか」

そう言って坂を下りようと道路に出た瞬間に、彼氏が声をあげた。ゆいさんの視界の端に青白い光が見えている。

「うわっ！　なんだアレ!?　体育館の側面になんかいるな？」

咄嗟に顔をあげたゆいさんは、体育館の側面に大きな青白い光があることを見てしまった。そして、その瞬間に気が付いた。あのおじさんがこちらをじいっと見つめているのだ。

坂から下りようとバックしている途中のことだったので、ゆいさんは慌てて、

「急いで!!」

と声をあげた。

（おじさんはまだ歩き出そうとしていないし、このままなら逃げられる……！）

「いや、でも青白い光が見えるんだけど」

彼氏は目の前の怪異に気をとられている。そしてゆいさんはおじさんが動いているのを見た。歩き出したのではない。あのおじさんがゆっくりと、

「おいでおいで……こっちにおいで……」

と手招きを繰り返しているのだ。

「俺初めて見たんだけど、あれ人だな」

ゆいさんの視線の先を見た彼氏にも、おじさんの姿が見えているようだ。

「今すぐここから出ないと本当に別れる!!」

ゆいさんの声に彼氏が慌てて車を走らせた。


ふと気が付くと、ゆいさんの身体が濡れていたという。

「えっ、なんでこんなびしょぬれなの……?」

「いや、お前ずっと帰りたい帰りたいって言ってた。なんかついてたんじゃねえの……?」

彼氏によれば、車がI小学校のある区域を出た瞬間に、ゆいさんはあろうことか「Iに帰りたい」と言い出したという。

「こうやって自分の二の腕をさするようにしながら、何度も帰りたい帰りたいって……。水かけたらなおったけど」

ゆいさんは、頭がぼーっとしながらも、どこかじりじりとする感覚があったそうだ。

（ああ、また私、やってしまったんだなあ……）

嫌だ、行きたくないと思いながらも、どうしてＩ小学校を訪れてしまうのか。ゆいさんには心当たりがひとつあるという。

「私、閉校式の後に、学校に向かって『また来るね』って言ったんです。廃校になる小学校にまた行くことなんてないのに……」

心霊スポットに行くとき、『また来るね』と呼びかけてはいけないと言われる。場所に引っ張られるからだ。筆者は神社など、また縁を持ちたいと思った時に（また来ます）と念じるようにしているが、心霊スポットなどいわくつきの場所ではそういった念を持たないようにしている。

ゆいさんはその後、映画のロケ地となり人が訪れやすくなっていた際に、お菓子と花束を持ってＩ小学校を訪れた。「これでさよなら」と伝えると、それ以降Ｉ小学校に呼ばれることもなくなったという。

楽しい思い出も怖い思い出も、学校は様々な記憶を内包している。ゆいさんの体験を通して、筆者はそう感じた。

四　幽霊ホテル

（利根郡）

ゆいさんが高校生の時にアルバイトとして働いていたホテルにも怪異があった。ゆいさんは当時、週五回ほどシフトに入っており、放課後は学校からホテルに行ってアルバイトをし、帰りはホテルの車で自宅に送り届けてもらっていたという。そのホテルは相俣ダムに沈んだ猿ヶ京温泉の移転先にあり、ゆいさんいわく霊の溜まり場だったそうだ。

面接のためにホテルを訪れた日、ゆいさんは面接官の男性からこんな指摘を受けた。

「あなた……見える人だよね」

言い当てるような口調に驚きながらも、ゆいさんは頷いた。

「ここ、結構〝出る〟んだけど……大丈夫そう？」

面接官が続ける。

「これはお客様には秘密なんだけど、従業員には全員に話していることだから……。あなたもここで働くなら気を付けて欲しいんだけど」

ゆいさんは面接官にいくつかの怪異を打ち明けられた。元々霊感がない人でも、このホテルに長く勤めていると霊を感じるようになることがあるらしい。あるいは、霊現象を受け入れることが出来ず、すぐに辞めてしまうという。


翌日、ゆいさんは近所の人と世間話中に、ホテルでアルバイトを始めようと思っていると伝えた。

「もう面接は受けに行ったので、今、結果待ちなんです」

「えっ、あそこで働くの？」

「はい、そう考えています」

すると相手は言いにくそうに口を開いた。

「あそこ……人死んでるよ」

（ああ……だから怪異現象が起きるのかな……。でも、ほかに高校生を遅くまで雇ってくれるところはないし……。なるべく気を付けることにしよう）

ゆいさんは辞退を申し出ることはせず、面接の結果を待つことにした。

そして数日後、バイキングウエイトレスをはじめとした接客担当としてホテルに採用が決まったという。

勤務初日、ゆいさんは早速怪異に遭遇することとなった。

まずは書類上の契約を済ませる必要がある。過日に面接をしたのはフロントの奥にあるちょっとした打ち合わせスペースだったが、契約の手続きは従業員通路の途中にある事務所で行われるという。あの日面接を担当した男性は課長職で、これから直属の上司となる。従業員通路への入り口はホテル内に複数あり、中でつながっている。その扉の前で、課長がゆいさんにこう言った。

「……分かる？」

（ああ、いるな……。女の人だ。面倒くさそう……）

霊の気配を感じていたゆいさんは頷いた。

「足音が聞こえるけど、振り向かないでね。気にしなければ、ただついてくるだけだから。でもあなたは、絶対に一人では通らないほうがいいね」

課長が扉を開けて通路へ入り、ゆいさんもそれに続いた。歩き出してすぐ、三メートルほど後ろからもう一つの足音が聞こえてきた。

カッ……　カッ……

ゆいさんの足音でも、課長の足音でもない。それは、ピンヒールで歩くような硬質な音だった。

（あ、来てる……）

ゆいさんは振り返らなかった。

カッ……　カッ……

一定の距離を保って後ろをついてくる足音は、事務所のドアの目前まで来たところで止まった。

（事務所の中には入ってこられないのね……）

「ここが事務所です。入って」

ゆいさんが課長に続いて事務所の扉を潜った瞬間に、ビニールシートのようなものを潜り抜ける感触があった。

（何だろう、この感覚……？）

少々気にかかりながらも書類に判を押し、新しい仕事が始まった。

ピンヒールの足音がついてくる従業員通路には、ほかの霊の存在もあった。たとえば二階のエレベーターホールの前には、這いつくばったおじさんの霊がいた。服は作業着でも浴衣でもなく、客でも従業員でもなさそうだった。

（実害はなさそうだな……）

この霊は大きく動いたりすることはなく、いつもそのあたりの床に存在していたそうだ。ゆいさんいわく、こういった存在は、ホテルに限らず見ることがあったという。長年そこに存在している霊は、元は人間だったのだろうと思えるぼやっとした塊に次第に風化していくそうだ。

そしてどうやら、このホテルの霊には持ち場のようなものがあるらしかった。

一階の客用トイレは入って左側に三つの個室、右側に二つの個室と手洗い場がある。そして左側に三つある個室の真ん中の扉だけ、妙に開きにくかったという。

従業員は基本的に裏にある従業員トイレを使うので、掃除や点検のほかにこの客用トイレに入ることはあまりない。だがゆいさんは時折、このトイレを勤務中の避難所として利用していた。

（ああ、また喧嘩だ……。逃げよう）

ホテルの従業員同士が口論になった際など、持ち場を離れたいときにこのトイレに駆け込むと、いつもきまってある音が聞こえていた。

（また聞こえる……）

それは、静かにすすり泣く女性の声だった。

（でも、実害はないんだよね……）

ゆいさんはほとぼりが冷めるまで、すすり泣く女性の声とともに過ごしたという。

土日にレストランで朝食の担当をしていると、こんなことがあった。

「コーヒーをください」

「はい、お待ちくださいませ」

年配の方と思わしき声がかかり、ゆいさんがコーヒーを持って向かうと、そこには誰もいなかったという。

（確かに今、声がしたのに……）

食事の場で起きる怪異はこれだけではなかった。

別のバイキング会場はテラスから中庭を見ることが可能で、その向かい側は客室ビルになっている。この会場でゆいさんが仕事をしていると、
ヒュー……

と、落下音が聞こえることがあった。

(あ……まただ)

次の瞬間には
パン!!

と、何かが弾ける音がする。

(いやな感じ……)

落下音から破裂音までの間、ゆいさんはいつも突き刺さるような視線を感じるのだという。

働き始めたばかりの頃は音に驚き、同僚にこう尋ねたことがあった。

「今、何か落ちる音しませんでした?」

同僚はそれを聞いて驚いた。

「あっ、聞こえるの？　俺は一切その音を聞いたことはないんだけど、昔働いてた人はよく音を聞いていたみたいだよ。ここはテラスにも〝出る〟らしいし」

「テラスにも出るんですか……」

「ああ、夕食後にさ、バイキング会場で使った食器をあのテラスでひとまとめにしていくだろ？」

夕食後の片づけはそれぞれ分担制で、使用済みの食器を種類ごとに分別していくのは慣れている人間が一人で担当することが多かった。

「そこで食器を分けているとさ、裸足の足が見えることがあるんだと。過去に飛び降り自殺があったという噂も聞いたけど、ネットとかにも出てなかったし……その人なのかは分からない」

同僚はそう語った。

同じホテルで客室清掃のアルバイトをしていた友人とは、担当部署の怪異現象を語り合うことがあった。ゆいさんがバイキング会場の話などをすると、友人はこんな話を聞かせてくれた。

「一部屋だけ、中にお札が貼ってある部屋があるんだ」

「うわ……。何かそこで体験した？」

ゆいさんは客室掃除を担当しないので、興味を持ってそう尋ねた。

「ううん。部屋に入ったことはないんだ。というか、入れないの」

「入れない？　え、どういうこと？」

「その部屋ね、Aさんしか入れないの。バイトを始めた時に、あの部屋は掃除しなくていいからって言われて……。Aさんしか掃除してないんだ」

ゆいさんはそれ以上詳しく聞くことはなかったが、そのAさんはおそらく霊能力が強く、自分で対処することが出来るのだろうと悟ったそうだ。


中でもゆいさんがひときわ恐ろしかったのは宴会場にいる霊だったという。初めてその霊を認識したのは、終わったばかりの宴会の掃除を同僚に頼まれた時だった。

「申し訳ないけど一人で行ってきてくれる？　……気を付けてね」

（気を付けてって、言われたって……）

ゆいさんは掃除機を持って宴会場に入り、通路側にしかないコンセントにコードを挿した。

（そこまで広い部屋じゃないし、コンセントを挿し変える必要はなさそう。よし、頑張ろう）

だが掃除機をかけ始めて三分ほど経ったとき、いきなり掃除機が止まってしまった。見れば、コンセントが抜けている。

（あれ？）

もう一度コンセントを挿しなおして掃除機をかけるが、また数分と経たぬうちに止まってしまう。

（変だなあ……）

さらにもう一度同じことを繰り返していると、揺れるコードが右足に当たった。

（えっ……）

ゆいさんが背を向けているコンセント側から、しゅんしゅんとコードを揺らして遊ぶ気配があった。思わず後ろを振り向くと、小さくぼんやりした手が宴会場の入口の隙間からすっとコードを抜くのが見えた。宴会場は客は立ち入り禁止になっている。ゆいさんがじっとしていると、ふふっと笑う男の子の声がした。

宴会場にいるこの子どもの霊については、ホテルで働いている人たちの半数が〝霊がいる〟と感じ取っており、さらにその半数が〝それが子どもである〟というところまで分かっていたという。

ゆいさんはそれ以来、宴会場で仕事をする度に服の袖やスカートの端をくいくいと引っ張られるようになった。

(宴会場は予約が入った時にしか使われないし……そう遭遇はしないはず……)

しかし、そうはいかなかった。宴会場のすぐ近くにある備品庫へおしぼりや業務に必要なものを取りに行く必要があったからだ。備品庫に行くために宴会場の前を通ると、決まってその子の気配がした。

(あっ、いるな……)

はじめのうちは気にしないようにしていたが、次第にそうもいかなくなった。〝一緒にあそぼうよ〟だったものが、〝一緒に行こうよ〟に変わっていくのを感じていたからだ。

(最初は寂しいから構ってって感じだったけど、最近は拗ねてるというか……怒っているような感じ……)

とはいえ仕事中に遊んであげるような時間はない。なるべく気を付けるようにしながら、ゆいさんは業務をこなした。

そんなある日のことだった。バイキング会場で必要な備品を備品庫に取りに行き、急いで戻るべく小走りで階段を降りようとしたゆいさんは、一歩目に右足を踏み出して、次に左足を持ち上げた瞬間、左足首をつかまれてバランスを崩した。

「きゃっ……!!」

ゆいさんはそのまま階段を転がり落ち、パンプスを履いていた足をひどく捻ってしまった。

(今の……あの子がやったんだ……)

ゆいさんは足の痛みを感じると同時に、血の気が引いたという。それ以来、特に生理の時にその子どもの霊に対する感覚が鋭くなり、べっとりと腰にまとわりつかれている感覚が拭えなくなったそうだ。

(ここで働き続けるのは……危ないかも……)

ゆいさんはそう感じるようになっていた。

ゆいさんが、この職場をやめようと思った決定打がある。それは、あのピンヒールを履いた女の存在だった。働きはじめてしばらくして分かったことだが、この足音は霊感のあるなし問わず、全スタッフに聞こえていたという。

ゆいさんがバイトリーダーになった頃のことだった。

「ちょっと誰か！　課長呼んできて！」

社員とバイトで押し付け合いがはじまった。

（みんな、この時間にあの通路を一人で通るのは嫌だよね……）

だが人手が足りず一人しか抜けられそうにない。そんなタイミングで、丁度ゆいさんの手があいてしまった。

「じゃ、よろしくー」

最終的に仕事を押し付けてきたのは、いわゆるお局様のポジションについている人物だった。一人で従業員通路を歩かされて、すぐに辞めてしまった新人のことも記憶に新しい。

（いやだ……絶対行きたくない……）

そうは思いながらも、ゆいさんは断ることが出来なかった。時刻は夜の二十一時半。従業員通路の扉の前に立つと、扉の向こう側に待ち構えている気配があるのを感じた。

（これ、一人で行くのか……）

覚悟を決めて扉を開け、いつも以上に空気が重たく感じられる中、蛍光灯のスイッチを付けて一歩を踏み出した。

カツ　カッ　カツ　カッ

（……！）

その日の足音は、いつもと違っていた。まず、距離が。そして、タイミングが。いつもは三メートルほど後をついてくる足音が、一メートルの距離で鳴ったのだ。

カツ　カッ　カツ　カッ

ゆいさんの足音の合間に、ピンヒールの音が半拍ずれて入り込む。裏拍をとっているかのように歩く音は、明らかにこちらに存在を分からせるためにやっていた。蛍光灯がバチッバチッと音を立てて点滅している。恐怖に耐えていると、首の後ろにふーっと息があたった。右手の甲が痺れている。身体が重い。涙が止まらない。

事務所の扉が見えた瞬間に、ゆいさんは耐えかねて走り出した。

（もうすぐ……！）

ノックもせずにバンと扉を開いて中に入ると、初日と同じようにビニールシートをくぐるような感覚があった。こちらを振り返った課長がゆいさんの背後を見て呟いた。

「お前、何連れてきてんの……？」

部屋に入った瞬間、びりっと、背中にまとわりついたものが離れていくような感覚があり、ゆいさんはその場に泣き崩れた。

「だから一人で入るなっていったのに。……そこまで好かれてるやつ初めて見たよ」

その時ゆいさんは初めて、この部屋にお札が貼ってあることと、結界が張られているということを理解したという。

課長は気を遣ってくれたが、ゆいさんはその後、ホテルを退職したそうだ。


これらの幽霊は実害がないものもあるが、実害があるものも多い。生きている人間に対し何もせずにただそこにいる霊もいれば、存在を理解してほしいと何かしらの手段をとる霊もいる。だがそれぞれがホテル内の決まった場所に現れるというのが興味深い。もしかしたらホテルの中でも、幽霊同士の縄張り争いがあり、ピンヒールを履いた女の霊は「ここは私の居場所」と主張していたのかもしれない。

五　相俣ダム

（利根郡）

ゆいさんの幼少体験にこのようなものがある。

赤谷湖の相俣ダムのすぐ近くに小さな公園があり、幼いころからよく遊びに連れていってもらったという。そして、行けば必ず見る存在が複数あったそうだ。

たとえば、トイレに入っていくおじさんを見て、しばらくしてもおじさんが出てこないことがあった。

（あれ？　さっきおじさんが入っていったのに、なかなか出てこないな……）

気になって覗きに行ったが、個室の扉はすべて開いており、トイレの中には誰もいなかったという。

（どこに行っちゃったんだろう……？）

自分が見ていないときに出たのかと思い、その時は深く気に留めることもなかった。

それが奇妙な存在であると分かったのは、次にその公園を訪れたときだ。また同じおじさんがトイレに入っていくのが見えた。

（あれ？　また、あのおじさんだ。　近くに住んでるのかな？　今度はちゃんと出てくるかなぁ？）

少々気になったので遊びの合間にトイレの方を気にかけていたが、やはりどれだけ時間がたっても出てこない。中を見に行くと、やはり個室の扉はすべて開いており、誰もいなかったという。

おじさんのほかにも奇妙な存在はあった。度々その場で身体の一部をつかまれているほか、毎度ついてくる小さな子供がいたという。一度だけ、黒い影が笑っているのも見た。この影については、笑っているのを見ただけで鳥肌が立つほどに気持ちが悪かったそうだ。

ほかにも、いつ行っても同じ場所に立ち湖を見下ろす女性の姿が印象深かったという。この女性からはあまり良い印象を受けず、寂し気に佇んでいるのが気にかかっていた。

（いつも、何を見ているんだろう……？）

女性が何を見ているのか気にかかり、少し離れたところから、女性の視線の先を追いかけて驚愕した。

（えっ……⁉）

ゆいさんの目に映ったのは、湖の上に立つもう一人の女性だった。距離があったので、湖を見つめていた女性と、その視線の先で湖の上に立っている女性が同じ人かどうかわからないが、少し似ていたという。やがて、湖に立つ女性がこちらを向こうとしたので、慌ててその場を離れたそうだ。

その後、ゆいさんは高校生になりオカルトに目覚め、自分がこれまでに不思議な存在を見た場所を調べていた。そしてその多くが心霊スポットだと知ったという。相俣ダムの底には旧猿ヶ京温泉をはじめとした集落が沈んでいるというのもこの時知った。

（ああ、じゃあ私が霊を見ていたのも、その関係なのかも……）

ゆいさんが大人になってからはこんなことがあった。家族で夜に団らんしていると、キッチンの窓を平手でバンッと叩いたような音がした。

「えっ、何⁉」

家族の全員がその音に気が付いた。窓の下には玉砂利が引いてあるが、誰かが玉砂利を踏むような音はしなかった。キッチンの隣にある玄関には人感センサーのついたライトが設置されていたが、そのライトのついた様子もない。

「やだ、ちょっと……」

怖がる家族を見て父が慌てて外を確認しに行った。人感センサーでぱっと玄関の灯りが点く。誰もいない。その日はそれ以上何も起きなかった。


翌日、ゆいさんの弟が一階のトイレに入っているときのことだ。

コンコン
扉をノックする音に気づいて顔をあげると、トイレの扉上部のすりガラス越しに、誰かが立っているのが見えた。

「姉ちゃん？　トイレちょっと待って」

声を掛けるが返事はない。弟は咄嗟に違和感を覚えた。

（違う……！　さっき姉ちゃん二階にいた……！）

姉ではないと察した弟は恐怖から大きく声を上げた。

「姉ちゃん‼　ちょっと来て‼」

そして思い切ってトイレの扉を開けて廊下へ飛び出した。

「何、どうしたの」

ゆいさんが慌てて階段を下りていくと、弟は震える声でこう紡いだ。

「やばい……、俺なんか連れてきたのかもしれない」

弟は先日、先輩に連れられてダムの畔に肝試しに行ってきたのだという。話を聞いたゆいさんがよくよくあたりへ注意を向けたところ、真夏の日中だというのに空気が湿っており、たしかに霊がいると感じたそうだ。

（ああ、入ってきたんだな……）

昨日は外から窓を叩いていた存在が、今は家の中にいる。ゆいさんはそう考えていた。

それから数日後の夜のことだ。ゆいさんは仕事を終えて帰宅した後、キッチンで酒を飲んで寝てしまっていた。

ポツ……

頬に水滴が当たったのと同時に、誰かの気配を感じて目をあけた。

（なに……？）

すると、そこに寂しそうに俯いた女の人が立っていた。

（ああ……悲しいんだね……）

ゆいさんは自然とその女性の感情を受け止めた。

ゆいさんいわく、悪意がある存在が近くにいるときは、寝ているときでもすぐに起きてしまうそうだ。この時は水滴が落ちたから目が覚めただけで、いやな気配は感じなかったという。

（このひと……どこかで……）

まだ完全に眠りから覚めていないゆいさんがぼんやりと思考を巡らせたところ、幼少期に湖で見ていたあの女性だと分かったという。

数週間後、その気配は自然と感じられなくなったそうだ。ゆいさんはその後しばらくして、あの時頬に当たった水滴は、女性の落とした涙だったと気が付いたという。

ダムの底には永遠に時間の止まった集落がある。それが呼び水となって今も様々な時代の霊が集まっている可能性はあるだろう。

悲しいことがあったとき、寄り添ってくれる存在がいるだけで気持ちが楽になったことはないだろうか。大人になってから女性の霊と再会するきっかけは弟であったとしても、感受性の強いゆいさんがその女性の霊の感情に寄り添ったことで、霊の気持ちが慰撫されたのかもしれない。

ダムという水の傍で出会った霊が、今は涙を流していないことを祈っている。

六　小人の神社

（高崎市）

これは桐生市在住の三十代男性、Rさんの体験である。Rさんは、二歳頃から小学校にあがるまで、高崎市貝沢町の神社のすぐ傍にあった施設に家族で住んでいたという。管理人住み込みで居住部が併設されているそこで、三歳の頃に少々不可解な体験をしたそうだ。

Rさんの両親は共働きで、幼いRさんは留守番することが多かった。

施設の中にあった保育所ではこんなことがあった。ある日、Rさんが床に座って格子状になっている天窓から差し込む光を眺めていると、格子のひとつに笑っている母の顔が現れた。

（あれ？　おかあさんだ……）

母の顔は輪郭がなく、窓の枠いっぱいに大きく浮かんでいる。次の瞬間、母の顔はパッと消えて、今度は別の枠に泣いている父の顔が現れた。

パッ
また別の窓に親戚の怒っている顔。

パッ、パッ
次々に現れては消えるのは、親戚や近所の人など、どれもRさんの知っている人物の顔だった。それらが喜怒哀楽の表情を伴いながら格子の窓の中に現れる。

（なんだろう……？）

Rさんが天井を見上げたまましばらくすると、次第に知らない人の顔も現れるようになった。

（だれ……？）

幼いRさんが恐ろしさを感じていると、その顔たちが次第に明滅しはじめた。やがて青くなったり、赤くなったり、黒くなったりしながら人間以外の顔になっていく。鼓動が速くなる。しかし目を逸らすことが出来ない。

（見るのをやめたら、なにかされるかも……）

Rさんが天窓を見つめ続けていると、顔の現れる速度は目にも止まらぬものとなり、やがて消えたという。

筆者はこのような現象を初めて耳にしたため興味を持ち調べてみると、妖怪の一種に似たような現象を起こす目々連《もくもくれん》という存在があることを知った。誰もいないと思って入り込んだ廃屋で、突如格子状の障子に無数の目が現れて驚くことがあるという。今回のRさんの体験は格子状の天井に目のみならず顔が、そして喜怒哀楽までもが次々と現れているのが興味深いところだ。

また、青ざめた顔、赤い顔……という視点で考えるのならば、尾田淑太郎の『百鬼夜行絵巻』に描かれているあすこここという妖怪が近いともいえる。あすこここは黒い霧とも煙ともつかぬ存在の中に四つの顔があり、あるものは青い顔で牙を覗かせながら笑い、あるものは赤くむっつりとした表情でこちらを見るように描かれている。絵巻なので妖怪の詳細は記されていないが、Rさんが見たものは目目連とあすこここを足したような存在だったのではないだろうか。

Rさんの初めての霊体験は、これより少しだけ遡る。

ある春の日の昼下がり、幼いRさんが神社で遊んでいると、本殿の中からバァンッ！と大きな音がした。

（なんだ……!?）

次の瞬間、Rさんの目の前に、バレーボールほどの大きさの火球が滞空していたという。さらによく見ると中に小さな人が三人いるように見えた。黒い影になっていて表情などは読み取れなかったそうだ。どれほどその火球を見つめていたか——やがて火球は鳥居をくぐって高崎市道高崎環状線の方へ飛んで消えていったという。これが、この後Rさんの身に立て続けに起こる小人の怪異の始まりだった。


Rさんが次に小人を見たのは自宅の押し入れだった。

（あれ……？）

Rさんが押し入れの襖の隙間から陰になったところを見ると、白雪姫に出てくるようなとんがり帽子を被った小人がスッ……スッ……と出てくるのを見た。それぞれがてんでばらばらの動きをしている。

（きもちわるい……）

Rさんはその小人に底知れぬ恐怖を抱いたそうだ。

それから数日後の夜のことだ。Ｒさんはトイレに行きたくなって目が覚めた。居住部にはトイレがなかったので、玄関を出て廊下を少し歩いていかなければならない。

（くらくて、こわいんだよな……）

まだ幼かったＲさんだが、子ども心に仕事で疲れている両親を起こすことは出来ず、一人でトイレに行くことにした。玄関の扉を開けると真っ暗で、非常灯の灯りでリノリウム張りの床がぼんやりと鈍く照らされていた。

（はやくいって、かえってこよう）

Ｒさんが足早にトイレに向かって歩いていくと、非常灯の灯りがちょうど届かない真っ暗な階段の前に、うすぼんやりと光る緑色の小さな存在を見つけた。闇の中に、とんがり帽子のようなものが光って見える。よく見ると、それは緑色に発光する二十センチほどの小人であった。

（うわっ……！）

Ｒさんが恐ろしさゆえに立ち止まっていると、小人はこちらを睨み付けてきたという。その小人の口にはサーベルタイガーのように尖った二本の牙が生え、手には刃物を持っていた。

身の危険を感じたRさんはそのまま走って部屋に戻り、布団を被って震えて眠ったそうだ。

一般的に神社はありがたいものと思われているが、中にはとんでもないものが棲んでいることもある。この神社がそうかどうかは別として、人が少なくなった神社には、別の物が棲み着きやすいのだそうだ。

また、実際に小人が棲んでいる神社もあるという。東京都杉並区にある大宮八幡宮では、お参りすると小さいおじさんがついてきて幸せにしてくれるらしい。

Rさんがこれらの体験をした神社には、小人が棲み着いており、何かから聖域を守っていたのかもしれない。あるいは霊道が通っていて、何か得体のしれないものが集まってきていた可能性もある。小人と聞くと愛らしい存在と思われがちだが、小人は意外にストーキング体質が多いという。Rさんもその神社と縁が深かった時期に小人に取り憑かれていたと考えることも出来るだろう。

Rさんはその後、年を取るにつれて不思議なものを見る回数は減ったそうだが、このような経験はRさんの中に根深く残った。Rさんは大学で幽霊について論文を書き、留学先や様々な場所で、今も時折、不思議な霊能力を持つ人間と関わっている。
ある意味では、今も少なからず、あの小人に取り憑かれているのかもしれない。

七　姿は見えない

（みどり市）

これは三十代男性の佐々木さんの体験である。佐々木さんは幼い頃から霊的なものを感じることが多く、そこにいるのが霊なのか、霊ではないものなのかも分かるという。埼玉県本庄市に生まれ育ったが、両親の離婚をきっかけにみどり市笠懸町に引っ越したそうだ。そして引っ越し先のアパートで、小学四年生の夏休みにこんな体験をしている。

引っ越し先はアパートの一階の角部屋で、母の部屋と子ども部屋があった。子ども部屋からは窓越しにアパートの駐車場が見える。

佐々木さんが中学校一年生の姉と一緒に布団を敷いて寝ていると、二十三時頃にふと目が覚めた。すると既に目を覚ましていた姉が、窓を指さしてこう言った。

「ねえ、なんだろう?」

窓にはミルク色のカーテンがかけられていた。防犯や安全のため、カーテンを閉めていないと「女の子がいるんだから」と母親に叱られたという。その日もしっかりとカーテンは閉められていたが、その向こう側から音が聞こえてくるのが分かった。

ザッ　ザ……　ザッ　ザ……

複数の足音と、お経のようなものを唱える声がする。

「なんか、怖いよね……」

「本当だ……なんだろう？」

二人は小声で話すことしか出来なかった。延々と足音とお経のようなものが続くだけで、話し声のようなものは聞こえない。やがて、不意に音や声が遠ざかりはじめた。

「ちょっと確認してみる」

そこで姉が勇気を振り絞り、そっとカーテンの端から音の進行方向を覗き込んだ。

(怖い……お母さん起こした方がいいかな……)

幼い佐々木さんがそう思っていると、次の瞬間、姉は青い顔をしてこちらに寄ってきた。

「何も居ない……！　けど、しっかり音聞こえてるよね⁉」

なお遠ざかるように足音とお経は続いているが、いつまでも消えることはなかったという。

二人は恐怖に震えながら、やがて眠りについた。

翌朝、母にこの話をしたが、母は何も聞いていなかった。あれが何だったのかと、佐々木さんは近所に住んでいる友人に聞いたが、それらしい情報は得られなかったそうだ。

今でも、姉と怪談話を語らう機会があると決まってこの話が出てくるという。その後佐々木さんは近しい現象がないかと調べ、七人ミサキというキーワードは拾うことが出来たが、どうもしっくりとこなかったという。

七人ミサキとは、四国や中国地方に伝わる集団亡霊である。常に七人組で、主に川や海など、水辺に現れるとされている。七人ミサキが誰かを殺すと霊のうち一人が成仏し、殺された人間が新たに七人ミサキの一人となるというものだ。

だが、群馬に七人ミサキがあったとは考えにくい。おそらくは七人ミサキとは違い、霊の一体一体が集まり、霊団化した存在だと考えたほうが自然であろう。進んでいく道の先には寺があったというから、霊道を通っている最中であった可能性もある。この世とあの世の交わった辻が霊道である。その晩だけ、この世とあの世が一時的に重なり合っていたのかもしれない。

八　森山の竹刀

（桐生市）

刀は武士の魂といい、刀には人の意志が宿るとも言われる。これは、ある剣道少年の想いが竹刀に宿った話である。

佐々木さんは中学校一年生の二月頃から中学校を卒業するまで、桐生市の剣道クラブに通っていた。きっかけは、いじめてきた奴らを見返したい、強くなりたいと思ってのことだった。

同じ剣道クラブの同期に森山という男の子がいた。森山もまた、いじめをきっかけに剣道を始めたという。二人は同じきっかけで剣道を始めたもの同士、すぐに打ち解けた。佐々木さんと森山は別の中学校に通っていた。そして、森山の通っていた中学校は荒れていることで有名だった。先生に隠れて喫煙する生徒も多く、中学生でもバイクに乗っていたり、ヤンキーといえばその学校の名前が上がるほどだった。

森山はいじめの鬱憤を剣道にぶつけている節があった。素振りや練習での打ち込みは力任せの範疇を超え、まるで仮想敵に向かうかの如く敵意が剥き出しだった。危ないよと注意をしても、本人は危険という自覚がないようだった。

剣道クラブに通い始めて四カ月が経った六月、土日を利用して一泊二日の合宿が行われることになった。佐々木さんと森山は練習試合で戦うことになっていたのだが、その試合中に、佐々木さんが倒れて運ばれた。熱中症だった。

合宿の際、同じ宿泊施設を利用している他の剣道クラブとの練習試合もあったのだが、その際にも森山の対戦相手が搬送されたという。

夏に行われた三年生の引退試合では、森山が相手に怪我をさせてしまった。面の金具の隙間に、竹刀から飛び出たささくれが入ってしまったことによる怪我だった。このようなことがないように、試合の前には必ず竹刀の手入れをすることになっている。この時も試合前の手入れはしっかりしていたのだが、結果的に怪我をさせることになってしまった。試合相手は鼻の頭の部分に軽い怪我を負ったそうだ。

森山の試合に限って奇妙な出来事が立て続けに起きていたことから、周りでは「あいつの呪いだよ」「森山の呪い！」と噂になっていた。森山は真面目だったので、少しからかわれるのも受け付けず「やめろよ」と嫌そうにしていたという。

八月にはもう噂は同じクラブの全員に広まっていた。その頃、市の大会に備えて男女混合の練習試合があったのだが、森山の対戦相手になった女の子が試合前に泣き崩れてしまうということがあった。

「嫌だ、こわい‼」

その時は女の子の親が見に来ており、女の子はどうにか両親になだめられて落ち着いたという。しかしどうしても森山と戦うことに呪いのイメージがちらついてしまい、戦うと自分にも変なことが起きるかもしれないと、そのまま不戦敗となったそうだ。

その翌月、九月の市大会では対戦相手が体調不良で不戦敗となった。森山は団体戦に出場していたのだが、森山の対戦相手だけが体調不良で来られなかったのだという。

他にも、掛かり稽古の際に師匠が倒れたこともあった。掛かり稽古とは三十秒以内や一分以内などと時間を区切り、ひたすらうちこむ稽古のことだ。師匠は当時五十代後半で、日本最高位の八段を有していた。元々体調が芳しくない様子ではあったが、丁度森山との掛かり稽古のタイミングで急に身体の力が抜けたように姿勢を崩した。試合は中断し、生徒たちの保護者が対処し救急車で運ばれた。持病の発作だったそうだ。

これらのことから森山の竹刀はいつしか妖刀的な扱いを受け、森山の中学校の部室に放置されることになった。同じ中学校の中で噂を聞きつけ、面白がって森山の竹刀を玩具扱いする生徒が出てきたが、彼らもやはり森山の竹刀を使って同級生に怪我をさせてしまった。噂に拍車が掛かり、とうとう怪談扱いされた竹刀は卒業後も部室に放置されることとなったそうだ。

佐々木さんは一昨年、森山の中学校の剣道部顧問だった先生が定年で退職されると聞き挨拶しに行ったという。他校の教師ではあるが、当時剣道クラブにも顔を出しており、佐々木さんも顔見知りだった。佐々木さんが先生の自宅を訪れたところ、先生は興味深い話を聞かせてくれた。

「いまの生徒達の間でさ、森山の竹刀の話が怪談になってるんだよ」

生徒たちに伝わる話の中では森山は死んだ事になっており、「いじめられていた森山という部員が自殺した。その怨念が竹刀にこびりついてるため、森山の竹刀を手にした人は必ず誰かに怪我をさせる。夜になると死んだ森山が体育館で竹刀を振っている」という話となっていたそうだ。

「最初はただの作り話だと思ってたんだけどさ……俺も実際に見たんだ」

「見たって、何をですか？」

「夜、校内の見回りをしているときに、体育館で森山が竹刀を振っているのを見たんだよ。もう卒業してから何年も経っているのに、森山は中学生の姿なんだ。もしかして本当に森山は死んだのかと嫌な予感がして、ご自宅に電話をかけたけど元気に生きてってさ。あれは残留思念ってやつなのかなあ……？」

佐々木さんが実際に森山が通っていた校舎を訪れてその竹刀を見たところ、霊的な雰囲気は無く、ただの古びた中学生用の竹刀に見えたという。その際佐々木さんと同席した同じ中学校の卒業生はこう語っていたそうだ。

「いじめられていた頃の森山のマイナスな感情が竹刀に蓄積されてたところに、噂によって言霊が力を持たせたんじゃないかなあ。作り話だったとしても、それがついに中学生時代の森山の姿を見せるまでになってしまったんなら、もうホンモノだよね」

学校の怪談は、案外こういうところから生まれているのかもしれない。

森山

九　Y字ポーズの幽霊

（桐生市）

『森山の竹刀』の話を聞かせてくれた佐々木さんは、高校生の時にこんな体験をしている。

佐々木さんが通っていた高校の第一校舎は、A棟とB棟に別れており、B棟の四階の端に音楽室があった。音楽の教師は四十歳前後の少し丸い男性で、家庭用ゲームソフト「ソニック・ザ・ヘッジホッグ」の登場人物であるエッグマンによく似ていたことから、エッグマンと呼ばれていたという。

雑談が好きな教師で、授業中にも「昨日俺が食べたものを当ててみろ」などと戯れに言い出すことがあったという。

「あの衝立の先に何があるのか知ってるか」

ある日の授業中、教師からそんな問いかけがあった。

音楽室はとても広く、通常の教室の二倍ほどの大きさがあった。教室を二つに分ける位置にM字に折れるタイプの衝立があったが、授業で使うのはいつも衝立の内側で、その奥に何があるのかを知っている生徒は誰もいなかった。

教師の問いかけに、髪の毛をライオンのように立て、ジャイアンのような体型をし、腰パンをしたヤンキーのクラスメイトが問いかけた。

「何があんだよ?」

「あの先は〝出る〟から壁で仕切ってあるんだよ」

「出るって何が?」

「出るって言えば、幽霊に決まってるだろう」

「はあ?　どんな霊だよ?」

すると教師は両腕をYの形になるように高く掲げた。

(グリコのポーズか?　一体なんだ、ふざけてるのか?)

教室がざわつき始めた頃、教師は続けた。

「こういうポーズをした幽霊が出るんだよ。首吊り自殺した男子生徒の霊だ。あの衝立の向こうで息を引き取った際、最期の姿がこういう形だったらしい。ほら、天井にぶら下がっている白い輪があるだろう」

教師が天井を示す。天井にはスクリーンを垂らす用途で、白く塗られた二つの鉄の輪があった。教師いわく、これと同じものが衝立の向こうにもあるのだという。

「その男子生徒は、机の上に立って、この下で首を括った。勢いよく机を蹴飛ばしたんだろうけれど、苦しかったんだろうなあ。最後は鉄の輪をつかんだまま……それでも長くもたずに、そのまま亡くなった」

教室はいつの間にか静まり返っていた。

「その後、男子生徒の一人がこの部屋で取り憑かれてな。ずっとY字ポーズをしていたんだ。それで霊的な存在を祓うことが出来る女子生徒に祓ってもらって、事なきを得た。霊はまた、元の場所に戻ったんだよ」

クラス内に笑いが満ちた。

「そんなことあるわけないだろ!」

多くの生徒が冗談だと笑う中で、佐々木さんだけは笑うことが出来なかった。後ろを振り向くことが出来なかったのだ。

(いや……霊がいるのは本当だ……)

佐々木さんには男性のものであろう気配が、確かに衝立の向こう側に感じられたという。

佐々木さんはこう語る。

「先生の言うようなことが本当にあったのかは分からないんですけど……。あの時は空気がひんやりしていて、たしかに同じ学校に通っていた生徒の霊がいるのだと感じました」

屏風のぞきという妖怪がいる。衝立の奥から魔物が覗くというものだ。屏風や衝立をひとつの境界線と見立てたとき、向こう側があの世、こちら側がこの世と分けることが出来る。もしかしたらその霊もまた、間に衝立があることで、向こう側にとどまっているのかもしれない。生徒が取り憑かれたという一時期、衝立が外されていたりはしなかっただろうか。

また、Yという字そのものに意味がある可能性も捨てきれないだろう。もしかするといじめっこのイニシャルだったり、アルファベット順でYは後ろから二番目にあたることから、出席番号が後ろから二番目の人物を示していたということもあるかもしれない。

あるいは先に紹介した『森山の竹刀』と同じく、語り継がれることで、自殺した男子生徒そのものではないにしろ、同じ校舎でかつて学んだ生徒の無念の霊が引き寄せられてしまっているのかもしれない。

十　ナースコール

（桐生市）

佐々木さんは現在介護士として働いている。そして二〇一六年にこんな体験をしたという。

介護の配膳は自分で食べられない人のところから配り、全員に配り終えたら、自力で食事を行えない入居者に食事介助をするという流れだった。先輩職員と佐々木さんが二人で五十人程度の食事介助をしている途中、不意に携帯している端末が鳴った。

ピンポン　ピンポン

端末の表示を見ると、呼び出し元は物置の手前の部屋だった。

（おかしいな、この部屋は誰も使ってないはず……）

佐々木さんは端末のボタンを押して声をかける。

「もしもし？」

だが、返事はない。

（全員ここにいるし、誰も押せるはずはないんだけど）

ナースコールは入居者の部屋の壁についており、そこから手元にひっぱれるようになっていた。誰かが部屋のナースコールを押すと、介護士ふたりの持つ端末の両方が鳴るようになっている。

「鳴ったんだから誰かいるんだろう？　佐々木、走っていってこい」

先輩職員も、その部屋に誰かがいるわけではないことは分かっている。食事時は二人で五十人の面倒を見るのだから、その片方が職務から離れては片方に負荷がかかる。

（誰がいるっていうんだよ……？）

佐々木さんが走ってその部屋へ向かうと、四畳半ほどの部屋にはやはり誰もいなかった。

佐々木さんは壁についているナースコールのスイッチを押して音を止めた。

（やっぱり誤作動か？　今までそんなことなかったけどな……）

コールを止めた佐々木さんが、食事介助をしている部屋に走っていく途中、奇妙なことに、
ピンポン　ピンポン

と、また音が鳴った。いやな予感がしながら端末を見ると、今スイッチを止めたばかりの部屋だった。

「なんなんだよ……！　今止めたばかりだろうが」

走って部屋に戻る。すると今度は、ナースコールのスイッチがベッドと壁の間にがっちりと挟まっていた。明らかに誰かの意思を感じるその状況に、佐々木さんはぞっとした。先程は分からなかったが、部屋の中はどこかなまあたたかく、誰かがいるように感じられた。

（いやな予感がする……早く戻ろう）

もう誰も押せないようにと、佐々木さんはベッドと壁の間からナースコールのスイッチを取って、食事をしているホールに報告しに戻った。

（誰がこんなこと……）

作為的にやらなければ、ベッドと壁の隙間深くにスイッチが入ることなどない。部屋にいた気配の仕業であったのだろうか。

ナースコールは、困っている人が鳴らすものである。もしかすると、佐々木さんを呼んだ存在は何か困りごとがあり、助けて欲しいと意思表示をした可能性もある。

筆者が何か心当たりはないかと尋ねると、佐々木さんはこう言った。

「そういえば……この部屋では前日にステルベンがあったばかりです」

ステルベンとはドイツ語で死亡を意味する。その部屋は入居者が急変で亡くなったばかりで、まだ次の入居者が入っていないために空き部屋となっていたそうだ。

食事時に鳴るナースコール。もしかするとそれは、急変で亡くなったその人の「最後に何か食事がしたかった」という無念の気持ちのあらわれだったかもしれない。

十一　猫

（県北部）

日本には「猫」が付く地名が複数あるが、群馬にも「猫沢川（安中市）」「猫又川（利根郡片品村）」などがある。地名となるほど、何かしら人々の生活に密接していたのだろう。

これは都会で文明開化が唱えられ始めた頃、群馬県の山の中で起きた、猫にまつわる小さな事件の話である。

江戸時代から群馬県の地主で庄屋であった宮田家は、文明開化後に県の要請で山道の整備を管理する事となった。地元で作業員を集い統括して、山越えの道路を作る仕事である。それなりの賃金も保証されるため、元々本職の作業員の他に百姓や猟師、中には食いあぶれた元武士までが作業員として仕事に従事していた。

「長くかかる仕事だが、しっかりやり遂げよう」

宮田の下で作業員達はよく働いた。初めは村に近い所から始まった工事も、作業が進むうちに村から離れ、最初は自宅に帰ることが出来ていた作業員たちも帰宅出来なくなってくる。そうすると飯場と呼ばれる小屋を作り、そこに全員で寝泊まりしながら作業をすすめていく。宮田夫婦も、監督として揃って飯場に寝泊まりし、作業工程の段取りを行ったり、作業員の飯の世話をしたりしていた。

随分と作業は進み、村から歩いて丸一日以上かかる山の中まで道路が出来た頃のことだ。飯場に数匹の子猫がやってくるようになった。

「おっ、可愛いなあ」

作業員の多くは、愛らしい子猫たちに自分の残飯を分け与えた。子猫も段々と人に慣れ、やがて飯場の中にまで入って甘えるようになっていった。

だが、そんな状況を元来の猫嫌いである山尾という男は快く思っていなかった。山尾は仲間の衆の目が届かない場所で石つぶてを投げて子猫を傷付けたり、追い払ったりしていた。

ある晩の事だ。飯場に山尾の怒号が響いた。

「この泥棒猫が！　こうしてくれるわ!!」

山尾の声に続いて、子猫の断末魔が飯場に響く。子猫の一匹が山尾の晩飯であるメザシに手を付け、それに怒った山尾が手持ちのナタで子猫の右前足を切り飛ばしたのだ。

飯場の中は静まり返った。前足を切断された子猫は大量の血を流して絶命し、山尾はそんな子猫を一蹴すると、席について食事を続けた。

「山尾、そんな殺生はするもんじゃない」

宮田が山尾に意見をすると、飯場の作業員たちも一斉に「そうだそうだ！」「可哀想じゃないか！」と騒ぎだした。しかし山尾は何もなかったかのように飯を食い終えると、子猫の亡骸を掴み上げて飯場を出ていった。そしてすぐ傍にある谷底へ、ゴミでも捨てるかのように子猫の遺体を放り捨てた。

その日を境に、二度と飯場に猫が現れる事は無くなった。

「あいつは残忍な奴だ。気に食わねぇとナタで殺される。ああ怖い怖い」

山尾は作業員から避けられるようになり、独りでいる事が多くなった。

やがて季節が進んで秋になり、作業も休みのある日のことだった。猫の件があってから博打にも入れてもらえず、飯場に居場所が無くなった山尾は、宮田の女房に「山菜でも取ってきてやる」と声を掛けて山に入っていった。だが昼過ぎに山に入ったのにもかかわらず、次の朝になっても山尾は帰ってこなかった。

「居場所がなくなって逃げ帰ったに違いない」

作業員たちは捜そうともしなかったが、責任者の宮田の言い付けが出ると仕方なく山の中を捜しはじめた。使いの者が村の山尾の家まで見に行ったが、帰っていないという。結局一日作業を中止にして山尾の行方を捜したが徒労に終わった。

(山尾はどこに行ったんだ……?　家にも帰っていないなんて)

森の中でほかに行くところもないだろうと、宮田は懸念を抱いた。

三日目の朝、山尾は変わり果てた姿で見つかった。飯場のすぐ傍の谷底の川で、岩に引っかかっていたのだ。谷へ降りた宮田と作業員たちは山尾の亡骸を川から引き上げて眉根を寄せた。

「うわっ……喰われてやがる」

山尾の右腕は肘から食いちぎられたようになくなっていた。着ていた服は破け、喉や顔を含め、身体中に齧られた跡が付いていた。

「この辺りは熊は出ねえはずだ。熊だとしても、ツキノワグマは臆病で、人が沢山いる飯場の側には寄ってこねえ……」

宮田が亡骸を見ながら呟いたときのことだ。

グギャァァァ!!

耳慣れない獣の声に全員が凍り付いた。谷の向こう岸、小高い崖の上からこちらに存在を示すかのように大きくひと哭きしたのは、狼ほどの大きい山猫だった。山猫は山尾のものであったろう人の腕を咥えながら、射るような目でこちらを睨み付けていた。

やがて山猫の周りの草むらがカサカサと揺れ数匹の動物が顔を出した。

(あっ、あの猫)

宮田や作業員たちはすぐに気が付いた。それはかつて飯場に来ていた子猫たちの成長した姿だった。

(そうか……猫だと思っていたが、山猫の子だったのだな)

ミャア……ミャア
子猫たちは兄弟の死を悼むように数度鳴くと、踵を返し草むらに消えていった。腕を咥

えた山猫もそれに付き添う様に山へと入っていく。その背を見て、宮田は悟った。

(自分の子を殺されたあの獣が、山尾に仕返ししたのだ。我が子がされた様に右の腕を奪って……)

やがて作業員の一人が帽子を脱いで深々と頭を下げると、宮田や他の衆もそれに従うように帽子や頬っかむりを脱ぎ深々と頭を下げた。


そんな話が村へ届くと、すぐに猟師たちが立ち上がった。

「山狩りだ！　人を食い殺す危険な獣は駆除せねば！」

しかし山猫はおろか、その子ども達も撃つ事は出来なかったという。


やがて時は流れて昭和を迎えた。年老いた宮田は孫娘にことあるごとに山で起きたこの話を聞かせたという。

「山の中には人にはどうこう出来ない魔物もいる。いいか、人が踏み込んでいいのはその手前までだ。何より、生き物の命には敬意をもって接せねばならぬ。殺生すれば必ず自分に罰として跳ね返ってくる事を忘れるな」

この宮田の孫娘は、筆者にこの話を聞かせてくれたRさんという男性の母親にあたる人だ。宮田の孫娘であるRさんの母は、祖父の言い付けを守ってか殺生を嫌い、現在でも肉食を一切しないという。

実際に群馬に山猫がいたかどうかという点に関してだが、筆者はそのように見える獣がいてもおかしくないと考えている。野生で弱肉強食の中を生きていると生き物は自然と強く大きくなる。驚くべきことだが、家猫も山に放てば通常の二倍ほどになるという。一説によれば、蕨色の毛並みをしている猫は巨大化しやすいのだそうだ。あるいは、他の生き物との混血の可能性もある。

台湾、中国では現在も山猫の生息が確認されているし、かつて日本列島と大陸はつながっていたという観点から考えても、当時の群馬に山猫がいたとしても何ら不思議ではない。他にも、沖縄には体長五十センチ程のイリオモテヤマネコとは別に、さらに大きなヤマネコ（ヤマピカリャー）が存在すると、一部の地元住民は主張しているという。

徒然草の第八十九段は「奥山に、猫またといふものありて、人を食らふなる。」と始まる。宮沢賢治も山猫の話を書いている。かつての日本人にとって、山猫という存在は、必ずしも縁遠い存在ではなかったのかもしれない。この山猫の話もまた、ひとつの教訓話として後世に伝われればと筆者は思っている。

十二　赤い服を着た男の子

（伊勢崎市）

辻には様々ないわれがある。道路が交差する場所はあの世とこの世の境界線とされ、辻神という魔物が棲み着きやすいとされているほか、辻占という言葉もある。霊感の強い人が辻に立つと、様々なものを見てしまうのだろう。これは、ある辻に住んでしまった家族の話だ。

前作『群馬の怖い話』で『役者の体験』『川に流す』など数編を掲載させていただいた吉田さんの体験である。吉田さんは十八年ほど前、小学四年生の頃に伊勢崎市のとある十字路付近の一軒家に住んでいたという。

二階建ての一軒家は、元々父親の実家で車庫だったのを改装したもので、平屋の上にもう一階分平屋があるようなつくりだった。家族の居住スペースは主に一階で、家の外にある階段を上がった二階はもっぱら物置と洗濯物を干すサンルームになっていた。

居住スペースの中でも特に寝室が広く、家族四人で同じ寝室で寝ていたという。壁に沿って両親のダブルベッド、吉田さんのベッド、弟のベビーベッドが並び、ベッドの足元からやや離れた場所に衣装箪笥が置いてあるという配置だ。

ある晩のことだ。吉田さんは夜中不意に目を覚ました。トイレに行きたいわけでもなかったがやたらと目が冴えてしまい、起き上がる事もなくぼんやりとしていた。するとなんだか足の先の方にある箪笥が気にかかり、そちらに目をやると、ぼんやりとした赤い光が見えた。

（なんだろう……?）

吉田さんが目を凝らすと、その光はだんだんと男の子の形になっていき、赤は男の子の洋服の色だということが分かった。男の子は地面から一メートルくらいの場所に浮いており、頭だけが箪笥より少し高いところにある。

（えっ……あの子、何がしたいんだろう……?）

どうやら男の子は右手を上げて、箪笥の上の何かを取ろうと手を伸ばしているようだ。箪笥の上には時計があり、それに手が届きそうではあったが、時計を取りたいのかは定かではなかった。吉田さんは初めて幽霊を見たため、ベッドの中で固まったまま、その男の子をじっと見つめることしか出来なかったという。体感では何時間にも感じたが、おそらくそんなに時間は経っていなかったのだろう。しばらくすると、産まれたばかりでおむつの取れていなかった弟が夜泣きを始めた。

（おむつが濡れて気持ち悪いのかな……？）

夜泣きの時期でも父は出張で家を空けることが多く、母は疲れながらも懸命に子育てをしていた。母は我が子の声を聴きすぐにベッドから起き上がったが、それでも赤い服を着た男の子は消えない。母は箪笥の中のおむつを取りに、赤い服を着た男の子がいるほうへ向かっていく。

（お母さん、そっちは……！）

吉田さんは、母とその男の子がぶつかってしまったらどうしようと思ったが、声を出す事は出来なかった。すると母はその子が見えているのではないかと思うほど的確にその子を避けて箪笥からおむつを取り出し、弟のおむつを取り替えて眠ってしまったという。その後も男の子は消えず、恐ろしくて仕方がなかった吉田さんは、無理矢理目を瞑ってそのまま眠りについた。

それ以来、吉田さんは毎晩霊的な存在に起こされたという。夜中にぱっと目が覚めると目の前に人間の顔があり、咄嗟にぎゅっと目をつぶってやり過ごす事の繰り返しだった。眠るのが恐ろしく、夜になると憂鬱な日々を過ごしたそうだ。

(もうやだな、こんな家……)

やがて一年が経つ頃、吉田さん一家は引っ越すこととなった。

(ようやくこの家から離れられる……!!　嬉しい!!)

そう思った吉田さんは、母親に今までの体験を打ち明けた。

「実はこの家、すごく嫌だったの。こういうことがあって……」

吉田さんが話すと、母親も、

「ああ、そういうこともあったね」

と相槌を打つ。

そこで初めて、あの時、母親も男の子の気配を感じていたということが分かったそうだ。

「私は家の前の十字路でね、前に女子高生の霊も見たことがあるのよ」

母いわく、雨の日の夕方に洗濯物を干そうと、二階のサンルームにあがっていたところ、ブレザーを着た女子高生が歩行者用の信号のところに立っているのが見えたという。

（あの子、ずっとあそこに立ちっぱなしで……どうしたんだろう？）

母は信号が青になっても渡らないその子のことがやけに気にかかったそうだ。母がその話を近くに住む知人にしたところ、知人は驚いてこう言った。

「なんで知ってるの？　気持ち悪い」

そして知人から、この交差点で以前女子高生が亡くなっていると耳にしたそうだ。

「この家の近くの十字路は交通事故が多くて、地元では有名なんだって。赤い服を着た男の子も数年前にあそこで亡くなってるっていうから、その子なのかなって思ってたわ」

地域の小学校の近くにはお婆ちゃんが切り盛りしている駄菓子屋があり、店にはガンダムのプラモデルなどがあったという。そしてその駄菓子屋の帰り、ガンダムのプラモデルを手にした赤い服を着た男の子が、吉田さんの家の前の交差点で亡くなっていたそうだ。

あの時男の子を避けた母は、ぼんやりと男の子の気配を感じて避けていたということが分かり、吉田さんは「怖くなかったの？」と尋ねた。

すると、母親は肩をすくめてこう言った。

「夜泣きする我が子の前でいちいち反応していられないわ」と。

筆者は様々な幽霊話を聴いているが、よく「生きているものの方が怖い」という声を耳にする。筆者はこの話で「生きているものの方が強い」のだと改めて感じた。

十三　拾ってきたのは……

（伊勢崎市）

吉田さんは昔から、様々な存在を〝拾って〟しまうことが多かったという。犬や猫の死体を見て、「ああ死んでいるな」と思い家に帰ると、激しいラップ音が家中で鳴るのだそうだ。そういう時、決まって母親に「あんた、また拾ってきただろう」と言われていたという。

吉田さんが〝拾った〟のは、犬猫だけではない。『赤い服の男の子』の家から引っ越した後、吉田さんの部屋は台所とつながる間取りとなっていた。ある日、起きたばかりの吉田さんが、台所に立つ母親に「おはよう」と言う前に「おまえまたなんか連れてきただろう?」と言われたことがあった。

「え、何が?」

吉田さんが問いかけると、母親は台所と吉田さんの部屋の間を示してこう言った。

「さっきそこに、貞子みたいな女が這いつくばってたのよ」

母親の話はこうだった。台所に立ち朝食の用意をしていると、床に髪の長い女が這いつくばっていた。当時の吉田さんは髪の毛が長かったので、母親は這いつくばった髪の長い女を見て、

（またこの子は驚かせようとして）

と思っていたが、吉田さんの部屋を振り向くと、吉田さんはまだ寝ていたのだという。

吉田さんは語る。

「それも前日に車に轢かれた猫の死体を見た時でした。可哀想だなと思ったその情が、猫以外も引き寄せてしまったのかも」

そんな吉田さんは、一昨年の一月に奇妙な夢を見たという。

吉田さんと母親の仕事はじめはともに一月四日で、お正月はゆっくりと三が日を満喫していた。

「明日から仕事だから今日は早く寝るか〜」

そういって床に就くと、吉田さんはその日明晰夢を見たという。夢の中で吉田さんはすぐに、

（あ、これは夢だな）

と気が付いた。吉田さんの立つ世界はすべてがグレーに染まっており、夢の中の脚色した印象もあいまって、黄泉の国のように感じたという。そして場所はごく近所だということも分かった。

（日の出のあたりに似たような風景があったな……）

記憶の中の光景とは表の世界と裏の世界のように反転しているような印象だった。吉田さんの自宅は日の出から自転車で数分の距離にあり、機会があれば通ることもあった。

吉田さんは、その薄暗い田んぼとも野原ともつかない場所に立っていた。近くには民家がぽつんとひとつ建っている。

（あ、民家だ）

と思った次の瞬間、吉田さんはその民家の中にいた。物が雑然と置いてあり、どこか工場の事務所のようでもあった。景色は先ほどより多少色づいてはいるものの、古めかしく埃をかぶったように、全体的に色褪せた印象を受けた。

吉田さんは二人掛けソファーに座っていたのだが、その隣にはぴったりと吉田さんにくっつくようにしておじさんが寄り添っていた。

(誰、この人……)

そのおじさんは頭の天辺からつま先まで、自分の身体を斜めにしながら吉田さんにくっついており、まるで吉田さんとひとつになりたいかのようだった。

四十代から五十代ほどの少し細身の男性で、座っているからおおよそではあるが、身長は百七十センチ前後のように感じられた。頬はこけており、目はうつろで、病弱な印象だったという。服装は現代のもので、簡単に着られるトレーナーのようなものを着ていた。

肌と肌を合わせているような生々しい感覚は不思議と薄く、身体の側面のみをぴったりとくっつけられている。

(現実でこんな距離におじさんがいたら気味悪いけど、夢だから平気だな)

吉田さんは冷静にそう考えていた。

(大丈夫、目が覚めたら逃げられる)

もしこの男性が身体を乗っ取ろうとしてきたところで、強く目を開けることを意識すれば、慌てなくてもこの男性から逃げられるという確信が吉田さんにはあった。すると、男

性はさらに吉田さんに身体を密着させた。小声で何か言っている。

「くれよー……、くれよー……」

（あ……、このおじさん、私の肉体が欲しいんだ）

「くれよぉ……くれよぉ……」

具体的に切実な要望が見えてきたところで、いよいよ危ないなと思い、吉田さんは意識を集中させて無理やり目を覚まそうとした。


吉田さんがばっと目を開けると、自分の部屋の天井が見えた。

（あ、夢から覚めたんだ。よかった〜）

逃げ切れたと安心した次の瞬間、ワッと吉田さんに覆いかぶさるようにして、あの夢の中の男が現実にあらわれた。夢の中の無表情とは打って変わって、まるで逃げた吉田さんへの怒りが隠せないかのようだった。吉田さんの喉仏のあたりに男の両手の親指が重なり、ぐっと強く圧がかかる。

（殺される!!）

咄嗟に吉田さんは腕で男を振り払った。すると、その男の姿はどこにもなくなっていた。

時刻は夜の二時。喉仏を押された確かな感触があり、吉田さんはせき込んだ。ただ、首を絞められた感触だけが生々しく残っていた。

（疲れてたからこんな夢を見たのかな……。怖かったけど、寝ぼけてるだけだろうな……）

吉田さんは夢と現実の区別がついていないだけだと思い、そのまま眠りについたという。

翌朝、仕事へ向かう身支度をするべく洗面所の鏡を見て、吉田さんは目を疑った。

（えっ……⁉）

首にはしっかりと、誰かに締められたような跡があったのだ。

（ああ、夢じゃなかったんだ……あの時目が覚めていなかったら……）

首元に手を添えて吉田さんはぞっとした。よく〝連れてくる〟とは言われていたが、このようなことは初めてだった。夢から覚めた今も、そのおじさんに心当たりはないという。

この話を執筆中、少し不思議なことがあったので合わせて掲載する。筆者が所属している事務所の社長である作家の山口敏太郎に、電話でこの話をしていた最中のことだ。筆者が話し終わるか否かというタイミングで、電話口の向こうで山口が生返事を始めた。そして、こう言った。

「あぁ……志月、これは本物だな」

筆者はその意図をすぐには呑み込めなかった。

「はい？　ええ、体験者は本当に多くの怪異に遭遇しているので、〝本物〟だと思います」

山口は度々、何度も奇妙な体験をする人や、怪異に巻き込まれてしまう人のことを「本物」と称することがあったので、筆者は頷いた。

「いや、違う。今、俺の目の前に、その男がいるんだよ」

筆者は背筋がぞくりとするのを感じた。山口はふざけてそのような話をするような人間ではないことは、筆者もよく知っている。

「四十歳くらいで、無表情で……前髪は七三というより六四くらいに分けていて、後ろ髪は長くて……昔はかっこよかったんじゃないかな。Ｖ６のリーダーみたいな感じで、顎に手を当ててこっちを見ている。ひょろっとしたやせ形だ」

山口はそのように、目の前に見えている人物について語ってみせた。

「おいS、お前見えるか?」

「なにがですか?」

電話口の向こうでマネージャーとやり取りをしているのが聴こえる。

「なんにも見えませんけど」

「ああ、分かった」

山口はその時事務所にいたもう一人にも同じように確認したが、やはり存在は感じられていないようだった。山口は続ける。

「俺も久々に霊を見た。志月、その話は本物だ。いいネタ拾ったな。伝播する怪談だぞ。志月のところにも行くかもしれんし、聞いた人や、本を読んだ人のところにも行くかもしれないぞ」

山口いわく、霊は通常、夢から現実世界に次元を越えてくるのは難しいという。夢の世界とこの世界はパラレルワールドで、夢の中で会った人と何があったとしても、こちらに来るときは記憶がなくなってしまうことが多い。この男性の霊は吉田さんに憑依する形で現世に関わりを持った。そして、吉田さんから筆者を介して山口のもとへと、時間を越えて行き来出来るようになっているという。

もしかしたら今晩、貴方の夢、あるいは目の前に、その男が現れるかもしれない。

十四　撒かれた米

（高崎市）

これはYさんという四十代後半の男性が高崎市内のマンションで体験した話だ。Yさんは結婚を機に、高崎市内のマンションの最上階で新生活を始めた。

入居してしばらく経ったある日のことだ。当時二十代だったYさんは仕事で深夜に帰宅することが多かった。

（今日も疲れたな……）

そう思いながら自宅へ向かい歩いていると、マンションの玄関の中庭に、見慣れない物体があることに気が付いた。

（なんだ、あれ？）

よくよく近づいてみると、それは木製の祭壇らしきものだと分かった。白木で作られた開き戸の祭壇は、腰の高さほどあるものだ。住民の誰かが置いたのだろうかと訝しみつつ、玄関を通り抜け、エレベーターで最上階に上がる。エレベーターの扉が開いた時、Yさんはぎょっとした。通路一面に、米が撒かれていたのだ。

(気味悪いな……なんだこれ？　悪戯か？)

眉根を寄せながら米を踏みつつ自宅の玄関まで歩き、扉を開ける。

「ただいま……外の何？　米？　撒かれてたけど……」

するとと妻は目線を外しながらこう答えた。

「……飛んだのよ」

「なにが？」

飛んだ、という言葉が理解出来ずにYさんは尋ねた。妻が続ける。

「今日の夕方、人が飛んだの。あなたが今通ってきた通路から。ご丁寧にサンダルを脱いで揃えてあったって」

Yさんの住んでいるマンションはエレベーターで最上階まで上がることが出来るものの、屋上への階段はフェンスで塞がれているため、それ以上、上へ行くことは出来ない。自殺者は可能な限りの高さから間違いなく死を選び取るため、Yさんの家の前の通路から飛び降りたのだ。

「だから、ご近所さんが米と塩を撒いたんでしょう」

妻の話によれば、自殺者は住民ではなく、外から入ってきた人間のようだった。家の前で誰かが死んだという衝撃はあったが、Ｙさんは謎の祭壇と米の理由に合点がいったことで、それ以上引きずることもなかったという。


その数年後の夏のことだ。Ｙさんの住む３ＤＫの家は、北側に一部屋、南側に一部屋、南側の部屋の西側にもう一部屋、西側の部屋の北側にキッチンがある間取りだった。Ｙさんはその日、南側の部屋と北側の部屋の間の扉を開け放して眠っていた。北側の部屋には大人の膝ほどの位置に窓があり、そこから内廊下が見えるようになっている。Ｙさんは夏場はこの窓を開け、南側の窓も開け放し、風通しを良くして眠るのが常だった。

夜にふと目が覚めたＹさんは、身体が動かないことに気が付いた。自分の意思で身体が動かないという体験は初めてだった。

（ああ、これが金縛りなんだ……）

身体は動かないが、目だけは動かすことが出来た。南側を頭にして眠っていたＹさんが、ふと足元の方へ目を向けると、北側の部屋の網戸越しに、一人の男が立っていることに気がついた。紺と白の太いボーダーのシャツを着た男が、内廊下の蛍光灯に照らされている。

（えっ⁉）

男はYさん宅の窓枠に手をつくようにして、網戸に思い切り顔を押し付けるようにしてこちらを見ていた。

（不審者か⁉　いや、違う……！）

はじめは人間かと思ったYさんだが、アレはこの世のものではない存在だということを、動かない身体が証明している。男は無表情のまま、Yさんの家の中を覗き続けていた。Yさんは長い夜の中でまた眠りに落ち、夜が明けるとその男は消えていたという。


最初の飛び降りから二十年ほどが経ち、そのような経験も記憶の片隅に落ち着いたある日のことだ。Yさんは帰宅時にまたも違和感を覚えることになる。

（ベンチが……ない……？）

一階の玄関前の中庭には、木を中心に据えるようにして丸いベンチが置かれていたのだが、それが撤去されていた。撤去されるという話は聞いていないし、取り払われているのは複数あるベンチのうち一か所だけだった。いやな予感がしながら家に帰ると、やはり妻は目を逸らしてこう言った。

「また、人が飛び降りたの」

住民の入れ替わりがあったのか、二十年前とは違い祭壇もなく、米や塩も撒かれてはいなかった。ただ、妙な胸騒ぎがした。

（誰でも入ってこられるとはいえ……二度も重なるなんて……それも、両方うちの前から……？）

今回の飛び降りも、住民が落ちたわけではないという。どんな人物がどうして飛び降りたかというのは、住民には明かされないままだった。


その翌年の夏にはこんなことがあった。仕事を終えたYさんは、帰宅後、買い物用のバッグを手にして再び外に出てエレベーターに乗り込んだ。Yさんの住んでいるマンションのエレベーターは、安全窓が付いており、扉の向こうの様子が見えるようになっている。一階のボタンを押して下に降りる間、Yさんは普段通りにエレベーター内に貼ってある住民向けのお知らせなどを見て過ごした。やがて八階、七階……四階、三階……と下がっていく中、もう少しで一階だなと、貼り紙を見るのをやめて扉に目線を移した。誰もいない

二階の通路が見え、そして二階の床から一階の天井につながるコンクリート部分が安全窓越しに見えたと思った瞬間、

（えっ⁉）

真横からぬっと黒い影のようなものが現れた。それは寝そべるようにして横になった男の上半身だった。髪も肌もすべてが灰色で、白目のない真っ黒な目がこちらを見ている。

安全窓は外側と内側の二枚のガラスで出来ているが、そのガラスとガラスの間に突如として現れた姿に、

（うわっ……‼）

と、Yさんは腰を抜かしそうになった。エレベーターは無事に一階に到着したが、Yさんは怖くて上を見ることが出来なかったそうだ。

Yさんのマンションに限らず、不幸にも複数の飛び降りが重なってしまうマンションは全国に存在する。元々誰でも入ってこられるつくりだという条件の他にも、不思議な構造をした建物だったり、元々の土地に謂れがあったり、理由は複数存在している。Yさんの住むマンションもまた、苦悩し自殺を選ぶ人間が選びやすい場所の一つとなってしまって

いるのであろう。実際に筆者がこの話を執筆する際に改めてそのマンションを調べていると、Yさんが知るほかにも複数の自殺があったということが判明している。

Yさんはこれまで、マンションからの飛び降り自殺があった後に必ず何かしらの霊体験をしている。亡くなった人物なのか、はたまた、自殺者の抱く負の感情に引き寄せられた霊なのか。時にはボーダーのTシャツを身に纏い人間と見紛う姿で、時には重力を無視してこちらを驚かせるようなやり方で、Yさんを見つめるように現れる霊たち。

米や塩が撒いてあったのは、自殺者が出た現場でこういったものを見ないようにするためであったのだろう。いつの日か、また新たに飛び降りが起きることがあるのならば、Yさんはその時一体何を見てしまうのだろうか。もしそのような不幸があった際は、米や塩を撒くことで、霊から身をまもることが出来るのかもしれない。

十五　グレーの男

（渋川市）

これは二十代後半の女性、Kさんの体験である。Kさんの母親はホラーが大好きで、その影響か、Kさんも幼いころから怖いものが好きだったという。

「物心ついた頃にはオカルト、ホラー、妖怪に触れていました。リビングに当たり前に心霊写真集があったりして」

そんなKさんが初めてこの世のものではない存在を見たのは、小学校高学年頃のことだった。

渋川市にある実家は二階建ての一軒家で、一階にキッチンがあった。その頃、Kさんは夕食後に母と二人で話すのが日課となっていたという。その日も母親は腹ごなしのために立ったまま、Kさんは床に座って他愛のない話をしていた。

会話の最中、Kさんは何気なく母親の方を見上げて、Kさんは息を呑んだ。

（えっ？）

母親の頭から離れた少し後ろの部分に赤い顔をした生首が浮いていたのだ。全体的に炎のような赤やオレンジ色の顔で、髪の毛は短く、性別は分からないが、年配ということだけは分かった。誰か母親の身内だろうかと近しい親族の顔を思い浮かべてはみるものの、その誰とも似つかない顔だった。

（あ……わたしを見てる……あなたは誰なの？）

Kさんは、その生首と互いに、

（今、目が合っているよね）

と通じ合ったそうだ。その間、生首の表情は変わることはなく、数秒の後に消えてしまったという。

（お母さん、オカルト好きだけど、背負いやすい体質らしいし……どこかから連れてきたのかもなぁ）

Kさんは不思議なものを見たという感覚はあったが、あまり気にとめていなかった。しかしこの日をきっかけに、複数の不可解な現象に見舞われたという。

また別のある日のことだ。実家はキッチンから少し離れた横並びにトイレがあり、トイレの横にお風呂場があるつくりだった。Kさんは時折、玄関からトイレに向かって、廊下から少し浮くようにして歩いている真っ白な足を見たという。

（また、歩いてる……）

子どもほど小さくもなく、大人というほどしっかりもしていない、綺麗な足だった。

（わたしと同じくらいの子なのかな……）

先日見た炎のような顔も、この白い足も、具体的に何かしてくることはなく、いつの間にか消えている。

Kさんが奇妙な体験をするのは、母と二人でいるときだけだったそうだ。ただし場所は家に限らなかった。

この頃から、母が運転する車に乗って買い物に出かけると、九割の確率で後ろから車がぶつかってくるようになった。勢いよく突っ込んでくるわけではなく、ドン、という衝撃があり、振り向くと後続の車がぶつかっているという。

あまりにもぶつかられることが続き、以来、親子二人で買い物に出かけることはなくなったそうだ。

Kさんは成人するまで奇妙な出来事が続いていたそうだが、成長と共にこの世のものではない存在を見るようなこともなくなっていった。

しかし三年ほど前、現在の住まいから十分程度の渋川市内のコンビニ近くでこんな体験をしたという。移転前の渋川警察署があったところの近くでもある。

五月頃、土曜の昼下がりに買い物から帰ってくるところだった。Kさんが車を運転していると、交差点の少し手前で信号が赤になった。見ればぽつりぽつりとフロントガラスに水滴がくっついている。

（あ、雨が降ってきたな）

Kさんがブレーキを踏んだまま何気なく右側を見ると、歩道に奇妙な人影があった。体格の良い男性が、茶色い街灯の柱にぴったりとくっついている。男性は雨が降りだしたというのに微動だにせず、ただ向かい側のコンビニを見つめているように見えた。時期外れの厚手のコートを着ているのも気にかかる。

（あの人、傘もささずに何してるんだろう？）

次の瞬間には信号が青になり、前の車が動き出したため、Kさんは慌てて車を発進させた。

ふと気にかかり先ほどの歩道をちらっと見ると、そこにはもう誰もいなかったそうだ。

「よくよく考えてみると、その男性の向こう側が少し透けていて。色も頭の先から全部、セメントみたいなグレーだったんです」

その場所では度々接触事故を見かけたことがあるほか、Kさんがコンビニの前を通ると、コンビニの駐車場にパトカーが停まって運転手らしき人物からの聞き込みをしているのを見たこともあるそうだ。

「大きな事故があったと聞いたことはないのですが、何か関係があるのかもって……」

度々事故がある現場をじいっと見つめる灰色の霊は、事故を暗示しているのだろうか。

幼少の頃に接触事故を経験しているKさんが数年ぶりに見た霊が、接触事故のよく起こる現場にいる霊だというのも、奇妙な話である。

十六　Yホテル

（前橋市）

これは渋川市の四十代後半の男性、Mさんの体験である。Mさんは十八歳から三十一歳まで前橋市のYホテルで働いていた。

Mさんは当時夜勤が主であった。十七時頃から深夜二時まで働き、朝六時まで四時間くらい眠る。その後昼まで働き、家に帰って一日休む。一度の勤務で二日分働いたことになり、一日分の休みを置いて、また翌日の十七時頃から働いていたそうだ。

Mさんはホテルで複数の怪異体験をしている。二十年ほど前、Mさんが二十七歳の時にはこんなことがあった。ホテルには従業員が仮眠をとるためのプライベートルームがある。ベッドのほかにトイレとシャワーがあるだけの小さな部屋だ。三階に一人用の部屋が一つと、四階に二人眠れる部屋が一つあった。

Mさんはその夜、三階のプライベートルームで休憩を取ることになった。

（一服してから横になるか……）

Mさんは安全のためにほんの少ししか開かない小窓をあけて、煙草を吸いはじめた。その時、

（えっ⁉）

目の前を女性が頭から落ちていったのだ。一瞬のことだが、確かに目が合ったことが分かった。次の瞬間、生々しく人間の弾ける音がした。

（ヤバい‼　誰かが飛び降りた……！）

Mさんは慌てて部屋を飛び出した。プライベートルームの下、女性が落ちた場所は従業員通路になっている。

（あれ……⁉）

確かに弾けるような音がしたにもかかわらず、そこには何もなかったという。

その後、Mさんはその話をホテルのオープン当初から勤めていた社員に話した。すると社員はこう答えたという。

「ああ……。実はこのホテル、飛び降りがあったんだよな……」

話によれば、数年前にこのホテルの十階から女性が飛び降りたらしい。

（ああ……もしかしたら、その女性が飛び降り自殺を繰り返しているのかもしれないな……）

報われないなと思いながらも、Mさんは納得した。

翌年の夏にはこんなことがあった。フロントでMさんが勤務をしていると、二十一時頃にコールが鳴った。電話をとると、切羽詰まった男の声が聞こえてきた。

「部屋に幽霊が出たんです！　今すぐ来てください……！」

フロントは二人体制だったため、Mさんはもう一人に事情を話して部屋に向かった。部屋は七階の一番端、七〇一号室だった。電話をしてきたAさんは三十代の男性で、出張で同僚と前橋を訪れ、このシングルの部屋に宿泊した。同僚と一杯呑んで戻ってきたらしく、Mさんが駆け付けたときには、Aさんと同僚が廊下で待っていた。

「ちょっと見させていただきますね」

Mさんが部屋の中に入ったが、特段変わった様子はない。

「酔ってたし、幻覚でも見たんじゃないですか？」

部屋の外で同僚が茶化すようにそういうと、Aさんも落ち着いたのか、

「そうかもしれないですね……ご迷惑をおかけしました」

と頭を下げた。

(部屋を変えてくれとは言わないんだな……)

Mさんはそう思いつつ頷いた。こういうとき、客の方から部屋を変えてくれと申し出があることが多い。だがこの時はそういった申し出がなかったので、Mさんからも提案はしなかった。

「分かりました。では、また何かございましたら、いつでもフロントにお電話をください」

Mさんがそう言い、部屋から出てドアを閉めようとした瞬間だった。白い服を着た女性が、自分の肩先を掠めていったのだ。女はAさんの死角を縫うようにして、部屋の中に入ってしまった。

(今……女が……)

Aさんは気が付いていなかったようで、部屋の扉は閉められた。Mさんもそのままフロントに戻ったという。その晩、その部屋から呼び出しはなく、Aさんは無事にチェックア

ウトして日常に戻っていった。

Mさんが、その女が入っていった部屋を七〇一号室だと覚えているのには理由があった。Mさんがホテルを辞める一年前に、その真向かいの部屋で事件があったのだ。

冬のある日、チェックアウトの時間を大幅に過ぎても出てこない客がいた。

(変だなあ、電話をかけてもノックをしても出てこない……)

Mさんはホテルにあるスペアキーで部屋を開けようと試みたが、内側からドアチェーンが掛かっていて途中までしか開かない。

「お客様?　お客様!」

声をかけても返事はない。Mさんは仕方なく設備の人間に電話をして、ドアチェーンを切ってもらうことになった。

Mさんが部屋の中に入ると、客はベッド周辺の床に横になっていた。暖房がついており、部屋の中には甘い臭いが充満していた。Mさんは喫煙者だったので、ジッポライターのオイルの臭いに似ていると思ったそうだ。

(ああ、煙草と酒の混じった臭いだ……。酒を飲み過ぎて気づかないのかな?)

Mさんがしゃがんで「お客様?」と声をかけていると、設備の人間がじりじりと遠ざかっていった。

(どうしたんだ……?)

すると、設備の人間が少し離れたところからこう言った。

「それ死んでるよ……死臭がする」

部屋に充満した甘い臭いは、死臭だったのだ。

念のため救急に連絡すると、同じタイミングで警察も来た。

「ああ……自殺ですね。これは知識がないと難しい死に方ですよ」

Mさんがパッと見た限りではわからなかったが、警察の話によれば、テレビの配線を抜いて心臓に貼りつけ、時間がくると電気が流れるように設定してあったのだという。

Mさんは夜勤が主だったのでその客のことは知らなかったが、昼勤務の女性に聞いたところ、何度かこのホテルを利用していた人物だった。一カ月おきに一週間くらい連泊をするが、外に出ても昼に戻ってくることが多く、仕事をしているサラリーマンという感じではなかったという。

(どうしてこのホテルにはこんなにおかしな現象が多いんだろう……)

Mさんいわく、このホテルの従業員通路を挟んで、廃墟になっている小さな病院があったという。

もしかしたら、Yホテルにはこの世とあの世を繋ぐ霊道が通っていたのかもしれない。

Yホテルはその後経営が変わってホテルの名も変わり、その後警備会社に貸したが、現在は廃墟になっているそうだ。

十七　人形の話

（渋川市）

Ｙホテルの話を聞かせてくれたＭさんは、小学生の頃から現在まで様々な体験をしている。Ｍさんの家族の中にそのような体験をする人はおらず、自分だけだという。「何か心あたりはありませんか？」という筆者の問いかけに、Ｍさんは口を開いた。

「俺が一番最初に見舞われた怪異現象が関係あるのかも……」

Ｍさんが小学校低学年の頃、渋川市の自宅にはケースに入った日本人形があった。人形はＭさんが物心ついた時には家にあったもので、両親が近々供養に出そうとしていたのか、玄関の扉を出た脇に置いてあったという。やんちゃだったＭさんは供養という概念に想像が及ばず、玄関の外に置いてあったことから、

（いらないのかな？）

と思っていた。

そしてある日の夕方、遊びに来た友人たちとケースに入っていた日本人形を取り出すと、黒い髪の毛を持って振り回し、

「きたねー人形だなあ！」

と近くの野原に捨ててしまった。

その日の夜のことだ。Mさんは人生で初めて金縛りにあった。横になった状態でどうにか目を開けることは出来たが、そこは自分の部屋ではなく、一面を夥《おびただ》しい数の水子地蔵に囲まれていた。自分の足の十メートルほど先まで細い道が奥へと続いており、そこから、
チリーン　チリーン
と、鈴の音を鳴らした何かが近づいてきたという。
その音が近付くにつれ、正体が見えてきた。それは自分が捨てた人形とは違う、小さい女の子の人形だった。それが足元から自分の方に上ってきて、しばらく肩のあたりに乗っかっていたかと思うと、次の瞬間、人形の髪の毛がMさんの首にものすごい力で巻き付いたのだ。

（このままじゃ殺される！）

そう思ったMさんは咄嗟に「ごめんね！」と謝った。

「二度としませんあんなことは!!」

すると少し髪の毛の力が弱まり、同時に自分の身体も動き始めた。Mさんは咄嗟に自分の首に巻き付いた髪の隙間に指を入れて、髪の毛を思い切り引きちぎったという。その瞬間、Mさんの意識は自分の部屋に戻っていた。

（何だったんだ今の……、俺、夢でも見たのかな……？）

Mさんが手に何か握っていることに気づいて広げてみると、手の中には真っ黒な人形の髪の毛があった。

（これはまずいことになった……）

子どもなりにそう思ったMさんは、翌朝、人形を捜しに玄関のドアをあけた。

（勝手に捨てちゃったし、お母さんたちにも怒られるかも……）

すると、玄関脇のケースの中に、人形が戻ってきていたのだ。ただし夕べと違うことが一つあった。

（えっ……!?）

その人形の髪の毛は引きちぎられたようにして無くなっていたという。

「これは俺の憶測なんですが……。俺には兄と姉がいて、自分まではこの世に生を受けましたが、その下に出来た妹は堕ろされたと聞いています。俺は小さかったのでよく分かっていなかったけれど、もしかしたら水子の魂があの人形に宿っていたのかもしれない。悪いことをしたなと思っています」

その後人形は両親によってお寺に供養に出されたが、Mさんは様々な怪異体験をすることになってしまったという。

余談だが、初稿では具体的にその怪異の内容も書いていた。だが以下のような経緯があり、その部分を掲載しないこととなった。

筆者は初稿を書いた時点で確認のために体験者に送るようにしているのだが、Mさんに初稿を送ったところ、電話がかかってきた。

「すみません。やはり、人形の話の後からホテルで働き出すまでにあった不思議な話は、詳しくは載せないでください」

「どうしたのですか?」

取材した日とはうってかわって覇気のないMさんの様子に筆者が尋ねた。

「いや……、志月さんにこの話をした後、出かけようと外に出たら、空は晴れているのに俺の家のあたりにだけ雹が降ってきたんです」

Mさんが続ける。

「それだけじゃないんです。その翌日には、下の前歯が二本折れてしまって。このままだと怖いので……」

そのような話を聞いては仕方ない、お蔵入りかと思いはしたが、Mさんはこう言ってくれた。

「おそらく、これまでに複数の変死体を発見した話がいけない気がしていて……。その詳細だけ削っていただければ大丈夫です」

このような話になったため、具体的にいつ、どのような死体を見つけたのかは伏せている。体験者から話を聞き、それを載せるのは簡単だが、体験者がそれで新たな怪異に巻き込まれることは筆者の本意ではない。体験者にその後何もないことを心から祈っている。

十八　夜の病院

（渋川市）

体験者は介護施設に勤めているJさんという二十代の女性である。Jさんはその施設に勤めることになってすぐ、同僚からこんな話を聞かされたという。

「この施設、怪異現象が良く起こるから気を付けてね」

「怪異現象……？」

「たとえば、施設利用者の生活スペースの出入り口のところにエレベーターがあるでしょ？　あれ、夜中に誰も乗っていないのに勝手に上がってきて扉が開くの。エレベーター横の階段でも、黒い影が通ったのを見た人がいるって」

同僚は面白半分で話している様子で、

（やっぱりどこにでもそういう話はあるのねえ）

と、Jさんもよくある話だとすぐには信じなかった。

二度目の夜勤の際、Jさんは一人で夜間利用者のオムツ交換に回っていた。あるお婆さんのオムツを替えようとすると、寝ていたはずのお婆さんがパッと目を開けた。

(あ、起こしちゃったか)

申し訳ない気持ちになって、Jさんは声をかけた。

「ごめんなさい、起こしちゃいましたね」

するとお婆さんはスッと天井を指さして、

「ほら、足が出てきたよ。ほら、見て」

と言うではないか。

「怖いこと言わないでくださいよ」

Jさんが言われた通りに天井を見ても、そこに足はなかったという。

(認知症の利用者さんだし、寝ぼけて幻覚が見えただけだよね)

お婆さんはその後も度々オムツ替えの際に目を覚まし、何度も同じことを言っていたそうだ。

一カ月が経ち、Ｊさんが夜勤にも慣れてきた頃のことだ。その日もオムツ交換のためＪさんがカートを押して廊下に出ると、突然ジリリリリーンと目覚まし時計の音が聞こえてきた。

（早く止めないとみんな起きちゃう!!）

Ｊさんが急いで音のする居室に駆けこむと、耳の遠いお婆さんの枕元にあった目覚まし時計が鳴っていた。

（間違えてセットしちゃったのかな？）

そう思いながらボタンを押したが、音は止まらない。

（えっ!?　なんで!?）

カチッ、カチッ

何度押しても止まらない。

（これは電池を出すしかない！）

蓋《ふた》を開けて中を確認すると、電池が入っていない。

（えっ？）

おかしいと思った瞬間、音はぴたりと止まったそうだ。

（やっぱりこの施設では怪異現象が起こるんだ……）

ここまでくるとＪさんも同僚の話を信じるほかなくなった。


それからさらに二カ月後、Ｊさんはフロア移動（いわゆる部署異動）になり、開設して間もない新館に勤めることになった。

（新しい建物だし、きっと怪異現象とは無縁だよね）

しかし新館でも、奇妙な体験は続いたという。夜勤中、天井から子供の走り回る音が聞こえたり、同じく天井から大人がスリッパで床を擦って歩く音が聞こえる日もあった。浴室では古いナースキャップを被った看護師の霊が立っていることもあったという。

（やっぱりこっちでも変わらないか……）

この頃にはＪさんの感覚も鋭くなっていたのか、具合の悪いＡさんという利用者さんの居室に入ると、気圧が変わったかのような耳鳴りがするようになっていた。

（Ａさんも最近調子がよくないし……きっとこの人を看取るのは私なんだろうな）

それから数日後のことだ。Ｊさんは夜勤中にＡさんの病室に入っていく人影を見た。

（黒い……男の人……？　ご家族かな）

時間帯に対する疑問はあったが、Ｊさんはその場で待つことにした。だが、しばらく待っても誰も出てくる気配がない。不審に思い居室の扉を開けると、そこにＡさん以外の人影はなく、Ａさんの酸素マスクなどがすべて外れて呼吸が浅くなっているところだった。

（先輩が話してた黒い影って……もしかして……）

そしてその晩、Ａさんは息を引き取ったという。

Ｊさんは語る。

「この時以来、人が亡くなる前には必ず耳鳴りがして、看取る前には必ず〝黒っぽいもの〟を見るようになりました。これが死神なのかは分かりません」

Ｊさんは上司にお祓いを頼んだが聞き入れてもらえず、現在も様々な体験をしながらその施設で働いている。

十九　つらかった……

（渋川市）

体験者のトモさんという女性は、二〇〇七年の夏に前橋からドライブで赤城山に向かう途中、こんな体験をしている。

その日は昼食をとった後、彼氏と共通の友人の男女合わせて四人でドライブに出かけた。

「どこか涼しい所に行きたいね」

「それじゃあ赤城山に滝を見に行こうか」

映画『千と千尋の神隠し』の冒頭を思わせる、自然に囲まれた細い道を車で進んでいく。

「よし、ここからは歩こう」

車から降りて舗装されていない山道を歩き、やがて一行は滝沢不動尊にたどり着いた。

「なんだろう？　神社？　あっ、お地蔵さんがあるし、お寺なの？」

真夏だというのに涼しく感じるのは滝が近くにあるせいだろうか。

（お地蔵さん、たくさんあるなぁ……）

数えきれないほどの地蔵が並んでいる光景に、涼しさというよりも背筋の冷たさを感じたという。すると友人の一人がふざけてこんなことを言い出した。

「ねえねえ、なんかすごく視線感じるんだけど！　あっちの方から」

友人が示す先を見ると、なんとそこにも、岩肌に紛れるようにして地蔵が存在していた。

「び、びっくりしたぁ……」

（でも……お地蔵さんの視線以外にも、誰かがこっちを見ている気がする……）

何者かの気配を感じているのはトモさんだけのようだった。わいわいと滝に向かっていく友人たちを、トモさんは慌てて追いかけた。

滝の周りはさらにひんやりとしていた。友人は水着を持ってきており、すっかりはしゃいでいた。

「まるで貸切プールみたい！」

「誰もいないし、水も冷たくて気持ちいいね」

トモさんは友人たちとしばらく遊び、共に夕食をとった後、彼氏と同棲している家に帰った。

「今日楽しかったね～また行きたいね」

帰宅後に今日のことを話していると、彼氏が突然「もう寝る」と言い出した。「バカは風邪ひかない」と自称するほど健康な彼にしては珍しい。

「えっ、大丈夫？　体温測るね」

とトモさんが体温計を彼の腋に差し入れると、三十九度近い熱が出ていた。

（えっ、風邪⁉　季節外れだけどインフルエンザとか……）

慌ててトモさんはドラッグストアへと買い出しに行き、スポーツドリンクやアイスノンを買って部屋に戻った。


真夜中、さらに苦しそうな声を出し始めた彼氏の様子が気にかかり再度体温を測ると、熱は四十度を超していた。

（アイスノン、替えてあげよう……）

キッチンに立ったついでにお水も飲ませようと思い、コップを片手に戻る。すると先程まで横になってうなされていた彼氏がベッドに胡坐をかいて座っていた。

「びっくりした……えっ、大丈夫なの？」

声を掛けるが、彼氏は何も言わずに黙ってうなだれている。

「しんどい……？」

トモさんが覗き込むと、彼氏はため息をついた。

（え、何？　私、何かした？）

トモさんが戸惑っていると、彼氏が小さく何かを呟いた。

「……ら……」

「えっ、何？」

小さな声を拾い上げるようにトモさんが耳をそちらへ向けると、彼氏は続ける。

「……つらかった……」

「そっか、そうだよね、つらかったよね。あんなに熱が出たんだもん。心配だし、もう少し横になろ？」

しかし、彼氏は頑なに胡坐の姿勢を崩さずにこう続ける。

「あの戦争は……つらかった。……ひどかった……」

（何言ってるの……？）

「とっくん、戦争行ったの？　行ってないよね？」

彼氏を愛称で呼び疑問を投げかけるが、返事はない。見れば、彼氏は胡坐をかいたまま目を閉じていた。やがて彼氏の身体がガタガタと震えたかと思うと「寒い!!　寒い!!」と叫び、自らベッドに倒れ込んだ。

（どういうこと……？）

彼氏の身体を布団でくるんで寝かしつけながら、トモさんは静かに考えた。

（あの戦争って……？）

トモさんは得体の知れない恐怖を感じながらも、彼氏の方に向かって手を合わせてから眠りについた。

あくる日、彼氏の熱は下がっていた。トモさんが昨日のことを彼氏に話すと、何も覚えていないという。

「俺がそんなこと言ったのか？　ほんと？　だとしたら、俺が熱で幻覚でも見てたんじゃねーの？」

と、笑って流されてしまった。

（私、あんなに怖かったのに……）

どうしても気にかかったトモさんは、当日の行動を改めて思い返すことにした。すると、ひとつ思い当たることがあったという。

（そういえば、赤城山に行く途中、渋川で日露戦争の慰霊碑の前に寄ったな……。あそこで一服したんだった）

渋川市の並木児童公園には、日露戦役慰霊碑（渋川護国英霊殿）が存在している。明治四十年十一月に建立され、日露戦争における地域出身戦没者九十四柱を慰霊顕彰している。トモさんたちはそこで煙草を吸ってから、滝に向かったのだ。

（あそこから何か連れてきちゃったのかも……）

当時は気に留めなかったが、粗雑な彼氏が、煙草をポイ捨てした可能性も否めないという。

その日に行動を共にした三人は、その後不幸に見舞われることとなった。

年末に友人の男性の家に遊びに行った時のことだ。インターホンを鳴らしたが、出てくる気配がない。

「あれ？　いないのかな……」

ドアノブを回すと、鍵がかかっていないことが分かった。

（約束してたし、開けちゃおう）

トモさんが玄関の扉を開けると、そこに友人が倒れていた。

（きゅ、救急車……!!）

病院に運ばれた先で腎不全を患っていたことが判明し、今も透析を受けているそうだ。

滝でプールのようだとはしゃいでいた友人の女性は、翌年の夏には連絡が取れなくなり、現在行方不明となっているそうだ。「ホスト狂いになって風俗嬢として地方を転々としている」「悪い友達が出来て麻薬中毒になった」という噂も聞くという。

そしてトモさんの彼氏は、数年後に仕事中の事故で屋根から転落し、肺が一つ潰れてしまったそうだ。

トモさんが不幸に巻き込まれなかったのは、あの日、「つらかった」と溢した彼氏に向けて、手を合わせたからなのだろうか。

いま私たちが生きている世の中は、戦争で犠牲となった数多の命に支えられている。常に、そのことを忘れてはならない。

二十　桃木川沿いの家

（前橋市）

これはみきさんという女性の体験である。みきさんは前橋市内の桃木川沿いにあるアパートで、家族とともにいくつかの心霊現象を体験したという。

みきさんは四人家族で、古い二階建てアパートの二階に両親と弟と共に暮らしていた。父の独身時代から借りていた家は二部屋しかなく、片方を寝室、片方を居間として生活していたそうだ。

みきさんが幼い頃にはこんなことがあった。

カラン　カラン……

「今、洗面器落ちた音したなあ」

二歳年下の弟と風呂場を見に行くと、洗面器はいつもの場所に置いてあった。

また別の日も同じように、

カラン　カラン……

と音がする。

（あ、まただ）

風呂場を見に行くと、やはり洗面器はいつもの場所に置いてあった。

（変なの。絶対うちの風呂場で鳴ってるのに……）

絶対に風呂場で鳴った音だという確信はあったが、なぜそんな音がするのかは分からなかった。以来、洗面器の落ちる音はみきさん姉弟の日常となり、いつしか気にすることもなくなったそうだ。


みきさんは成人した後で母にこの話をしたことがある。

「お風呂場から洗面器の落ちる音がよくしてたよねえ」

すると母は訝し気に眉を寄せた。

「そんな音、聞こえたことないわよ。……それに、落ちる音ってなに？　洗面器は、いつも床に置いてあったじゃない」

幼い頃は気がつかなかったが、洗面器は壁にかけてあったのではなく、母の言う通り常に床に置いてある状態だった。つまり、何者かが持ち上げて落とさなければ「洗面器が落ちる音」などするわけもなかったのだ。

母には音が聞こえていなかったこと、その音を鳴らしていた何者かの存在があったことを知り、みきさんは不気味さを感じたという。


幼いみきさんの体験はほかにもある。

家族四人が横になって寝ている寝室で、みきさんはトイレに行きたくなって夜中に目を覚ました。家族を起こさないようにそっと布団から抜け出してトイレに向かい、用を足して部屋に戻ると母が起きていた。

みきさんは母にズボンを履かせてもらっている途中、唐突に寝室の柱を指さして、

「そこに、男の人がいる」

と言ったという。

みきさんは風呂の話をした際に、この話についても母に尋ねたそうだ。

「あの時、どうして起きてたの?」

「ああ……あの日ね、みき達が寝た後で、私も寝ようと思って布団に入ったの。そしたら私たちが寝てる足の先に、誰か立っている気がして……。起きてきたみきが『そこに男の人がいる』と言ったから、やっぱり私以外にも見えてたんだって分かったのよ」

（そうだったんだ……）

当時幼かったみきさんには良く分かっていなかったが、改めて思い出すと、その人物は頭からつま先まですべてが真っ黒だったという。

同じ話を父にもしたことがある。やはり洗面器の音は父も知らなかったようだが、柱の前に立つ男については心当たりがあるようだった。

当時、父はヤクザの組にこそ所属していなかったものの、仲良くしていたヤクザがいたという。その男が刺されて亡くなってからしばらくの間、玄関のドアが勝手に開くということが続いたそうだ。

みきさんから、この柱の前に立っていた男の話を聞いた父は、

「最後に俺に会いに来たのかな」

と言っていたという。

この家でみきさんの母が体験した現象がほかにもある。

みきさんが幼い頃、母の親族の女性が認知症になり、自身が子育てをしていた時代に記憶が戻ってしまったという。入院先の病室で来る日も来る日も自分の子供と認識した人形の世話をしていたそうだ。

やがてその親族が亡くなると、みきさんの祖母が、

「みきちゃん、これ好きそうだからあげる」

と、みきさんの母にその人形を託したという。

（亡くなった人が持っていたものだから、申し訳ないけれど気持ちが悪いな……）

母はそう思っていたが、捨てるのも忍びなく、みきさんにその人形を渡した。人形は人間の子供ほどの大きさで、オーバーオールのようなものを着ていた。髪の毛が少しボサっとしており、海外の子どものような姿の人形を、みきさんははじめこそ可愛がったものの、やがて成長するにつれて人形遊びにも飽きてしまったそうだ。

そんなある日のことだ。母が寝室で昼寝をしていると、
タタタ……

と、子供が畳を走り回るような音がして目が覚めたという。

（みき達は学校行ってるはずだけど……）

横になっていた母が薄く目を開けると、居間のちゃぶ台の周りを、人形がまるで生きているかのように走り回っていた。

（え、何で……⁉　人形が走ってる……‼）

母は怯え、以来その人形は押入れの奥深くにしまい込まれることになったそうだ。

その後両親は離婚し、アパートにはみきさんの父が一人で住んでいるという。みきさんが幼い頃はアパートにもそれなりに人が住んでいたが、みきさんが成人するまでの間に退去が続き、現在は父以外の住民はほとんど見ないそうだ。父は最近、終活を始めたらしく、もしかしたらあの人形も、もう捨てられているのかもしれない。


水は様々な念を引き寄せやすい。川沿いの建物にリバーサイドと冠をつけて聞こえよく売り出すことがあるが、この家に限らず川沿いの家で心霊現象が起きたという話は多い。

そもそも川沿いは地盤の脆い低地が多く、洪水や氾濫の恐れがあるほか、子どもが川で溺れる危険性もある。湿気が多いためにカビが生えやすく、虫や臭いが気になったりするのも事実だ。

事故物件を公示するWEBサイト「大島てる」の運営者の大島てるさんによれば、法令上の制限のため、高い建物は太い道沿いにしか建てられず、川にも同じことが言えるそうだ。高い建物があると自然と飛び降りなど転落系の死亡事件や事故が加わり、その結果、事故物件が集中しているように見えるという。

それらの条件に加え、川沿いに住む人の様々な人生における業や因縁の流れと川の流れが相乗して、怪異が起きやすくなっているのかもしれない。

二十一　背の高い

（前橋市）

これはみきさんの弟まさるさんの体験である。まさるさんは数年前に結婚して家を出ているが、実家にいる頃から現在に至るまで、複数の女性の霊を見ることがあったという。

まさるさんが高校生の頃にはこんなことがあった。まさるさんはその日、友人四人と一緒に伊勢崎に遊びに行った。強い風が吹く中で友人二人が前を歩き、まさるさんがその後ろに続いていた。そして少し離れた後ろに友人二人が歩いている。

その二人との距離が離れ始めていたことに気が付いたまさるさんは、

「おい、早くしろよ！　置いてくぞ」

と後ろを振り向いた。すると友人二人の後ろに、ひどく薄着の女がいるのが見えた。そこで、距離を詰めてきた友人にまさるさんは後ろを示しながら、小さい声でこう言った。

「あの人、すごい薄着で寒そうだよな」

友人が後ろを振り返る。

「は？　誰もいねーじゃん」

友人は冗談だと思ったのだろう。笑いながらそう答えた。

（うわ……、そうか、あれは生きてる人間じゃないんだな）


高校卒業後にはこんなことがあった。友人が運転する車で遊びに行き、休憩がてらホテルの駐車場に車を停めた時のことだ。

（ん……？　女の人……？）

夕暮れの中、遠くに女性が立っている姿が見えた。

（随分背が高い……あれっ？）

そこで気が付いたが、まさるさんは目が悪く、遠くはぼんやりとしか見ることが出来ない。

だが不思議なことに、こちらを見ている女性の姿は夕暮れの中でやけにはっきりと見えたという。

（うわ、こっち見てる……ヤバいかも）

慌てて友人に声をかけて駐車場を後にした。

その日の晩のことだ。夜中に気配を感じてまさるさんが目を開けると、二メートルほどの身長のひょろひょろとした女が、立ったまままさるさんを覗きこんでいたという。

（憑いてきた……！　まずい‼）

まさるさんは目を閉じることができず、眠れない夜を過ごした。

同じ頃、まさるさんは姉であるみきさんからこんな話を聞いた。

「最近、寝ようとすると、誰かに邪魔されるんだよね」

みきさんによれば、夜に布団に入ってうとうとしはじめると、複数の男性が一斉にワッと話しかけてくるのだという。

「びっくりして起きるんだけど、誰もいないのよ。大体は男の声なんだけど、ときどき女の人の声も混じるんだ。でも何を言っているかは分からなくて、怖いんだよね」

（ああ、女については俺のせいかも……）

みきさんによれば、寝るために布団を頭まで被っても、背中を誰かがぐっと押してくることもあるそうだ。

「初めのうちは驚いたけど、それが毎日続くとイライラすることのほうが多くなってきてさあ。最近は『あーもう！　うるさいなあ！』って言いながら起きることにしてる」

「……ごめん、女は俺が連れてきたかもしれない。俺の方は夜になるといつも同じ背の高い女が来るんだ。だから、あの女が来るなと思ったら、外に出て煙草吸ってる」

「あー、最近よく夜中に出ていくなと思ったら、そういうことだったのね」

みきさんは納得したようにそう言った。まさるさんは、自分が連れてきた女が姉にも影響していることを知り、申し訳なかったという。

まさるさんはその後二十四歳で結婚し家を出た。だが今も時折、女の霊を見ているという。

二十二　オルゴール館

（沼田市）

これはKさんという女性の体験である。五年前の夏、当時十六歳だったKさんは、家族で草津温泉に旅行に出かけた帰りにこんな体験をしている。

草津から群馬へ戻る際、父がこう言った。

「オルゴール館に寄っていこうか？　結構前に閉業したみたいだけど、見晴らしもいいしさ」

すると母も笑って頷いた。

「懐かしいわ〜、あそこはお母さんたちの思い出の場所なのよ」

車は日本ロマンチック街道と呼ばれる国道１２０号線を走り、その道沿いのドライブイン「オルゴール館椎坂」の跡地へ立ち寄った。「オルゴール館椎坂」は二〇一二年に閉業していたが、建物は当時のまま残っていた。メインとなるのは白い三角形の建物で、屋根は赤く塗られている。同じ建物が複数並び、「オルゴール館」「花とハーブ館」や、地酒のミュージアムもあった。施設自体かなり広く、総売り場面積は三百坪ほどあったという。ゴルフの打ちっぱなしまで備え、両親の青春時代は観光スポットとなっていたが、Kさんと姉は初めて来る場所だった。

「かわいい建物だね～、営業してるときに来たかったなあ」

あたりにはKさん一家のほかに誰もいない。家族で椎坂峠からの見晴らしの良さを楽しんだ後、Kさんと母と姉の三人で、ふらりと建物に近寄った。

「ちょっと中を見てみようか?」

入口の扉はガラス張りになっており、ドア越しに中を覗き込むと、家のような展示物が見えた。家を模した展示物の扉は開けっ放しになっているようだ。

(あそこ、開いたままだ……)

Kさんがその家を見つめていると、

カチ　カチ　カチ……

と、音が聞こえた。

「あれ?　なんか音しない?」

母を振り返ると、苦い表情を浮かべている。

（あれ？　お母さんも来たがってたのに、どうしたんだろ？）

カチ　カチ　カチ……

音は規則正しく聞こえている。

（まるで、オルゴールのネジを巻くような音……）

Kさんがそう思っていると、母が、

「もう帰ろうか」

と言った。

「え？　まだ来たばかりだよ？」

「うん……でもちょっと」

言葉尻を濁す母の後について車に戻る途中、姉が写真を数枚撮っているのが見えた。

「ねえ、これ……」

帰り際、Kさんは姉から先ほど撮影した写真を見せられて眉根を寄せた。

「何これ……!?　ヤバいじゃん」

姉が撮影した写真のうち一枚が、激しく上下にブレた写真になっていた。

（不自然すぎるブレ……。まるで映すなって言っているみたい）

そこでKさんは気がついた。

（ああ、お母さんはきっと、何か感じていたんだな……）

写真を撮影した姉はその日から体調を崩してしまったという。


Kさんは語る。

「姉の体調不良の原因はまったく分からなくて……。その後で母も頭痛と吐き気があったようです。もしかしたら、あの場所から何か連れてきたのかもしれません」

音を奏でるために作られたオルゴールが集められた館。もしそれらのオルゴールに付喪神のような意識が宿っているとすれば、永遠に聴かれることがなくなったオルゴールは無念の気持ちを抱えているのではないだろうか。

カチ、カチ、カチ……とネジが巻かれていたのは、曲を聴いてもらいたかったのかもしれないが——もしKさんがあの場にとどまって曲を聴いていたら、一体どうなっていたのであろうか。

二十三　武尊神社

（みどり市）

筆者は拙著『群馬の怖い話』の発売後に、群馬県内の書店を三十店舗ほど訪れた。その際、大泉町の某書店で熱心に『群馬の怖い話』を読んでいる方がいたので声をかけたことがある。立ち読みをしている人に声をかけたのは初めてだったこともあり、妙に印象に残った。

それからちょうど一年が経つ頃、その人物から筆者へと連絡があった。筆者が出演したテレビ番組を見たそうで、その際に筆者が共演した芸人さんのファンだと話す。

「テレビ見てて、あの時本屋で声かけてくれた人だなって思って……。俺も、怖い体験があるんです。これも何かの縁だと思って」

これは面白い縁だと思い、話を聞かせてもらった。

矢島さんは二十代前半の男性である。心霊体験という奇妙で貴重な体験をしたいと思い、中学生の頃から心霊スポットを積極的にまわっていたそうだ。

そして今から七年ほど前、大学一年生の夏休みに高校時代の同級生三人と草木ダム沿いの武尊神社へ出かけたという。

就職した友人が新しく購入した車に乗り込み、目的地へと向かう。

「今日こそ何かあるかもな」

「霊見てみたいな〜!」

「武尊神社、噂には聞くけどこれまで行ったことないんだよな」

心霊体験に期待しながら車を降りて、古びた鳥居をくぐる。草木にほとんど隠れた石段を上ると、さらにもうひとつ鳥居のようなものがあらわれた。

「うわっ、これ真ん中取れてんじゃん」

「誰かが壊したのかなあ」

石段の上の鳥居らしきものは、それぞれの柱部分しか残っていない。この御影石製の鳥居は二〇一一年の東日本大震災の際に崩壊し、そのままの状態となっているものだ。だが、武尊神社は有名な心霊スポットとなっていたことから、矢島さんらは誰かが壊したのではないかと思ったという。柱の間を通って奥に進むと、社殿が見えた。

「中……入ってみる？」

「いや、流石にまずいっしょ」

矢島さんたちは中には入らず、外から窺うだけに留めた。

「霊、出ないなぁ」

「まあそんな急に幽霊なんて出ないでしょ」

そのような友人の言葉に反応し、矢島さんは壊れていないほうの鳥居の前で友人に携帯電話を手渡した。

「写真撮ったらなんかうつるかもしれねーし、俺のこと撮ってみて！」

「オッケー、任せろ」

友人が携帯電話のカメラで写真を撮った。

「おっしゃ、みんなで見てみようぜ」

携帯電話を覗き込むように画像を確認し、矢島さんは奇妙な一点に気が付いた。

（これ……人か……？）

矢島さんは思わず声をあげ、画像を指さした。

「おい、顔が写ってるぞ！　ほら、ここ！」

向かって右奥に二つの顔が見えたと矢島さんは話す。

「本当だ……。お前、やばいんじゃねーの？」

矢島さんには昭和初期の小さな女の子が二人ほど、鳥居の後ろの茂みからこちらを覗いているように見えたという。

（まあでも……目の錯覚かもしれないし）

矢島さんは自分に言い聞かせ、仲間と一緒にその場を離れた。


その翌朝のことだ。矢島さんは大学へ登校するために玄関のドアを開けた。時間は朝の七時、よく晴れた日の見慣れた光景の中に見慣れない黒い塊があった。

（何だ、あれ……？）

よくよく見るとそれは血を吐いた猫の死体だった。

（うわっ⁉）

矢島さんの家は道路から十メートルほど奥まったところに建っている。道路から駐車場が続いて、家の門があり、そこからさらに三メートル奥が玄関だ。猫は家の門の内側で息絶えていた。

（道路で撥ねられたわけじゃない……）

その時、矢島さんは昨夜の顔が二つ写った心霊写真を思い出した。

(俺があんな場所で写真なんか撮ったからかもしれない……)

矢島さんは筆者にこう話してくれた。

「俺が写真を撮ったことで、気付かないうちに霊を家まで連れてきたのかもしれません。俺の代わりに、猫が身代わりになってくれたのかなって……」

しかし、筆者は見知らぬ猫を「身代わり」とすることに違和感がぬぐえなかった。よくよく考えてみれば、色々と引っかかる点があったのだ。

そもそも矢島さんたちが訪れたとき、階段を登った先の鳥居は壊れていたという。鳥居は完全な形として残っていてはじめて結界としての役割を果たす。真ん中の渡し木がなくなっているということは、もはや結界は意味をなしておらず、魔物が侵入しやすいエリアになっていたとも考えられる。

矢島さんらは、魔物の住処に土足で侵入した。その報復として、「今度は俺たちがお前の家の中に侵入してやる」という魔物側からの意思表示がされたのではなかろうか。

つまり矢島さんの家の門の内側で不自然に亡くなっていた猫の遺体は、お前をこれから呪ってやるぞという、魔物からのメッセージだったのかもしれない。

二十四　ガラスの家

（邑楽郡）

矢島さんは中学三年生の時にこんな体験をしている。

その日は休日で、友人と二人で昼からカラオケに出かけた。三時間ほど歌い店を出ると陽が傾き始めており、ちょうど黄昏時だった。

矢島さんは友人にこう提案した。

「ちょうど通り道だし、心霊スポットに寄っていこうぜ！　ほら、あのガラスの家」

ガラスの家というのは、若者たちの間で有名になっていた心霊スポットである。クリスタルハウスとも呼ばれたその場所は、かつてはアトリエだったという説もあり、賽の目状に全面がガラス張りされた家だったという。現在は全てガラスが割られており、屋根と鉄骨だけが残っているような状態だった。

友人は怖いものが得意ではなく、なかなかすぐには頷かなかった。

「いや、俺行きたくねえよぉ」

「まあまあ、大丈夫だって。俺も何度か行ったけど、これまでも何もなかったし。見るだけ見るだけ」

「わざわざ行きたくねえけど……まあ夜でもないし、行けるかな。ちょっと見るだけだぞ」

「オッケー！」

二人は数分ほど自転車を走らせた。その日も群馬らしい強い風が吹いていたが、群馬で生まれ育った二人には慣れたものだった。

やがて辿り着いたガラスの家の手前で、矢島さんは自転車を停めた。曲がり角を左に曲がれば目的地だが、そこで停まったのには理由があった。

「ギャハハハ！」

ガラスの家の方向から、ガラの悪そうな男達の声が聞こえてきたからだ。

「うわっ、ヤンキーいるじゃん」

暇を持て余して仲間同士で心霊スポットにでも遊びに来たのだろうか、何やら楽しそうに騒いでいる。

「ヤンキー怖《こ》え。絡まれたらやだな」

ふたりが自転車に乗ったまま道の真ん中に停まり、進むかどうかを躊躇していると、後ろから妙な音が聞こえた。

キィコキィコキィコ……

(何の音だ?)

二人が振り向くと、そこには三輪車に乗った幼稚園児ぐらいの男の子がいた。

(なんでこんな所に男の子一人で……?)

キィコキィコキィコ……

近くに保護者の姿はない。その男の子はこちらを見ることもなく、道路の真ん中に停まったままの矢島さんたちの左側を抜けて、ガラスの家の方向へ曲がっていった。

(やべっ、そっちは……!)

矢島さんが友人を見ると、心配そうにこちらを見ていた。

「今の子……、大丈夫かな?」

「ギャハハハ!」

ヤンキーの声は相変わらず聞こえている。心配になった矢島さん達二人は、意を決して曲がり角を左に曲がり、ガラスの家の前に自転車を走らせた。

(あれっ!?)

そこには四人の柄の悪い男達がいただけで、三輪車の男の子の姿はない。

(三輪車でいきなり速く走れるわけないし……)

何の変哲もない道路沿いだ。幼稚園児が三輪車に乗って藪の中に行くはずもない。

(おかしい……)

矢島さんが黙っていると、友人が青い顔をしてぽつりと言った。

「幽霊……見ちゃったのかもしれないね」


ガラスの家は数年前に取り壊され現在は駐車場になっているそうだが、今でも近くを通ると矢島さんは当時のことを思い出すという。

廃墟には澱んだ念が集いやすいことから、霊が溜まりやすいと言われる。そして黄昏は「誰そ彼」とも書き、生者と死者の境すら曖昧になる時間とも考えられている。

もしかするとその一帯だけ、黄昏時に異世界とつながっていたのかもしれない。

二十五　住民にしか見えない

（大泉町）

おおたコミュニティ放送（エフエムＴＡＲＯ）のフライデーグルーヴィンというラジオ番組の出演者に、シャリさんという男性がいる。筆者は数年前の「怪談大喜利」というイベントでシャリさんと知り合い、それ以来ＳＮＳで緩い交流が続いていた。そんな折、前作「群馬の怖い話」の執筆を終えた頃合いに、シャリさんからこう声がかかった。

「僕、群馬でラジオに出演しているんです。よかったら遊びに来てください」

それから関係各所に確認を取っていただき、とんとん拍子でスタジオにお招きいただくことがかなった。

シャリさんは埼玉県大里郡出身で、曹洞宗の家系に生まれた。

「先祖が北条家に仕えていた僧兵の家系です。結構珍しい苗字なせいか、新興宗教の人とかがよく家に来るんですよ。『導かれてきました』って」

祖母はよく火の玉を見たと言い、「昔はそういうのが当たり前にいた」と語っていたそうだ。

ラジオの収録を終えて駅まで送っていただく車内で筆者はふと思い立ち、「シャリさんには、何か怖かった体験はないですか?」と尋ねた。するとシャリさんが十年ほど前にクラブで出会った女友達・Aさんの住む家の話を聞かせてくれた。

Aさんは、南米系のハーフではっきりとした顔立ちの女性だった。身長も百七十センチほどあってすらっとした美人だったという。レゲエのダンサーとしてライブやクラブで仕事をしつつ、仕事がない日はキャバクラで働いていたそうだ。

Aさんが住んでいた大泉町は現在でも、一部外国人が多く住む区域があり、「日本のブラジル」と呼ばれている。Aさんはブラジルマーケットという、ブラジルの食材を扱っているスーパーの近くに住んでいた。五階建てのマンションは築二十年といったところで、内階段のほか、外にも階段がある。非常階段ではなく、住民の使用する階段のひとつだ。

そのマンションに、不思議な存在がいたという。

シャリさんがAさんを自宅まで車で送った際、Aさんはマンションの外階段の四階あたりを指さしてこう言った。

「あ、またこっち見てる」

「えっ、何?」

シャリさんが示された先を見るが、そこには誰もいない。Aさんが続ける。

「親子の幽霊」

「や、やめてくれよ」

怖がりのシャリさんが動揺すると、彼女はにこっと笑ったという。

(自分の家に幽霊がいるのによく笑えるな……)

シャリさんの反応が面白かったのか、彼女はことあるごとに「あ、またいる」と話した。

その度にシャリさんが怖がり、彼女は笑っていたという。

そんなある日のことだ。親子の存在が気になったシャリさんは、勇気を振り絞って詳しく聞いた。

「ねえそれ、どんな霊なの？」

「ん？　えっとねえ、手すりがあるから、上半身しか見えないの。だから子どもの方は首から上しか見えないんだぁ」

彼女に見えているのは、南米系の親子の幽霊らしい。お母さんと五歳くらいの女の子だという。

「最初はね、あれ～あんな人住んでたっけな～って思ってたの。でもおかしいって分かったのは、あの人たちね、冬でも夏の格好をしてるんだ」

「……怖くないの？」

シャリさんは思わずそう尋ねた。すると彼女はいつものように、にこっと笑った。

「大丈夫だよ、笑ってるから。ほら、今日も笑ってる」

昼も夜も、季節も時間帯も問わず、冬場なのに夏の服で現れる、笑っている親子の幽霊。

元々、外階段には幽霊が出やすいと言われている。筆者はこの話を聞いて、霊にも国民性が反映されるのだと感じた。日本人は死に対して悲しいなど湿ったイメージを抱きがちだが、ラテンアメリカ諸国では死は必ずしも悲しいものではない。死者の日という祝日が存在し、特にメキシコでは盛大な祝祭が行われるという。死者の日には家族や友人達が集い、故人への思いを馳せて語り合う。日本のお盆に近い位置付けであるが、あくまで楽しく明るく祝うのが特徴である。

「うらめしや」など、日本の霊は何かを訴えかけるために出現することが多いように思える。そのため日本であれば「霊が出た。大変だ、お坊さんを呼ばなくては」となるところを「ああ、笑顔でいるからいいんじゃない」とすんなり受け入れてしまうあたりに、国民性と優しさを感じるエピソードである。

二十六　クラブK

（桐生市）

これはNさんという男性の体験である。Nさんは五十代の男性で、太田を中心に二十歳の頃からDJとして活動している。そんなNさんは幼い頃から霊をはじめ、この世のものではないものに強烈な興味を抱いていた。幼少期から毎日墓場に行って写真を撮ったりしていただけでなく、霊を見たくて、拙著『群馬の怖い話』で紹介したこともある「はねたき橋」で貞子の格好をして立っていたこともあるというのだから筋金入りだ。怖い映画も話も大好きだが、これまでに霊を見たことは一度もないという。

ヒップホップに出会ったNさんは、すぐに虜になった。ヒップホップの文化を学び、DJだけでなく、ラッパー、ダンサーと多くを経験した。DJは特に師弟制度があるわけではなく、独学でセンスを磨く。女性にモテたいという気持ちもあったそうだが、それ以上にヒップホップそのものに魅了されていたという。

二十四年ほど前のことだ。当時三十歳だったNさんは、その日、Kというクラブで自ら企画を主催し、DJをすることになっていた。客は新しいものが好きでどこのクラブも一、二年で名前が変わることが多かった。オーナーが変わったから名称変更、客が入らなくなったからリニューアルオープン。そんな具合にクラブの名前を変更して同じ場所を使い続けていた。クラブKも同じで、箱自体は何年も付き合いがある場所で馴染み深い場所だった。

当時のNさんはDJを始めて七年目で、仲間の中ではベテランの部類だ。二カ月に一度ほど自分でイベントを企画し、仲の良いDJやダンサーに声をかけて出演してもらっていた。

イベントは二十三時頃から何度かDJを代え、朝五時頃まで続く。Nさんいわく、当時も今も、DJ一人当たりの持ち時間は約四十分だという。

イベントのうち、フロアでプロのダンサーが踊ったり、見世物がある時間のことをSHOWCASEと呼ぶ。クラブにステージがあるわけではなく、ダンサーも客と同じフロアで踊るという。ジャンルは様々で、ヒップホップやハウスなど、その日の曲に合わせてそれぞれのプロが踊ったり見世物を行っていた。

その日のSHOWCASEが終わったのは深夜二時頃で、SHOWCASEと交代する形でNさんがDJをする予定だった。

「DJ・N！　よろしくーー！」

マイクを持ったMCが煽り、それにこたえてNさんが曲をかけると大きな音がボンとフロアを満たす。その瞬間、

「何あれ⁉」

と客がどよめいた。

（なんだ？）

客はNさんの右上のあたりを見ているようだ。Nさんも客の視線の先を見るが、そこには機材があるばかりだった。

（……何があったんだ？）

客は変わらず、Nさんの右上のあたりを見て何か言っている。

「ええ誰アレ⁉　何あれ⁉　あの女の子、なんであそこに行けるの⁉」

そんなどよめきがあがっていたが、DJブースのNさんには声は届かない。やがて数分ほどでどよめきは収まった。

持ち時間を終えたNさんがDJブースを出て、先程どよめいていた客の方に近寄ると、客がこう教えてくれた。

「女の子がいたんだよ!」

客いわく、DJブースの機材の上に小学校低学年くらいの女の子がいたのだという。

(おかしい……そんな小さな子がこんな場所にいるわけはない)

Nさんはそう思った。客は続ける。

「DJブースの両脇にスピーカーがあるでしょ? あそこから小さな女の子がNさんの手元を覗き込んでたんだよ」

フロアには当時ぽつりぽつりと霊感の強い人間がいたのだが、その全員に共通して同じ女の子が見えていたという。

「その女の子は何してた?」

Nさんが尋ねると、客がこう答えた。

「うーん、ただNさんの手元を見てるみたいだった。何してるのかなって」

クラブは毎日がお祭りのようににぎやかだが、古来より「祭り」には御霊を慰める意味もあるとされる。いわば現代の祭りをつかさどるＤＪが何をしているのか、その子は知りたかったのかもしれない。

二十七　別荘地R

（みどり市）

これはAさんという邑楽郡大泉町出身の男性の体験である。Aさんは現在三十代後半の男性で、週末はクラブで主にMCをしている。

Aさんは今より二十年ほど前の十八歳の頃に、知り合いの車で心霊スポットを回るのにハマっていたという。いつも友人の車にぎゅうぎゅう詰めに乗って心霊スポットに出かけていたのだが、その日はこんな誘い文句がAさんに向けられた。

「赤城の別荘地、Rに行こうぜ！　テレビで見たんだけど、日本のジェイソンが出るらしいよ」

当時某テレビ番組でそのような特集がされており、興味を惹かれた友人からの打診にAさんはすぐに返事をした。

「お、いいいね！　行こう行こう行こう」

友達の後輩の姉の車という、会ったこともない人間の車に乗り合わせ、その日は軽自動車二台で遊びに行くことになった。

（うわ……ほんっと荒れてるな……）

Ａさんは別荘地Ｒに対し、荒野のような印象を受けたという。

「あのらせん階段になっている古い石塔があるだろ？　あの一番上から、昼でも夜でもこっちを見てる人がいるらしいぜ。お前見える？」

友人は楽しそうに続ける。

「あっちの鉄塔から女子高生が飛び降り自殺したって噂も聞いたな。噴水の傍では女の幽霊が出るとか」

「何もいねーじゃん？　っつーか、ジェイソン出ないなあ」

「つまんねーの」

友人たちとそんなことを言いながら車のドア越しに別荘地を見て回る。

別荘地Ｒは建物と建物の間にそれぞれ道路があり、その道路がすべて外周の道路につながるようになっていた。車から降りて少し歩きはするものの、あまり遠くへ離れると仲間が一人を残して車に乗って置いてけぼりにしようとするので、基本的にはちょこちょこと周りを見てはすぐに車に乗って移動することの繰り返しだったそうだ。しばらくぐるぐると車を走らせたが、人影ひとつ見当たらなかった。

夏場だったので朝方四時になるともう外は薄明るい。そんな中で、運転手が声をあげた。

「ヤバい！　ヤクザだ‼」

運転手の声に驚いてそちらを見ると、隣の区画の道路をジープがゆっくりと走ってくるではないか。車の中には作業服を着た男が四人乗っており、その全員が明らかにこちらを見ていた。

（こんな時間に別荘地を走っている車、しかもこんなごつい車に四人も乗っているのはヤクザしかいない……捕まったら何をされるか分からない！）

そう思ったAさんは慌てて運転手を促した。

「おい！　急げ‼」

運転手は思いきりアクセルを踏み込み、一行はその場を後にした。

「あー怖かったなあ、あのヤクザ……」

「作業服みたいなのを着てたよな。死体埋めてたんじゃねえの？」

「俺らも捕まったら何されるかわかんねーよ、マジで怖かった」

「そういえばジェイソン出なかったな」

「バカやろ、ジェイソンなんかよりヤクザの方が怖いっつーの！」

そんな話をしながら家に戻ったAさんの仲間内では『日本のジェイソンを探しに行ったらヤクザに会った』という語り草が一つ出来たという。


やがて高校を卒業して二十歳を過ぎた頃のことだ。Aさんは桐生市在住の女の子と合コンをすることになった。

「桐生といえば心霊スポットの別荘地Rだろ～？　俺らも近いから良く行ってたよ」

「そうなんだ～、有名だよねえ」

桐生市出身の女の子が相槌を打つ。Aさんは早速、当時の話を口にした。

「俺らがあそこに行ったときは、ヤクザがいたからマジで怖くてさ」

「え……？　ヤクザなんていないよ」

女の子は不思議そうに首をひねる。

「ええ？　いや、ジープに乗って作業服着た四人組がこっちに来てさあ」

するとと女の子は暫く黙った後に、こう言った。

「多分それ、兵隊だと思う……。昔あそこは旧日本軍の基地で、それを国が買い上げて別荘地にして売り出したんだって」

当時Aさんには、車に乗った四人は生きている人間のように見えていた。が、よくよく考えてみると作業着にヘルメットをかぶっていたことを思い出した。

（ウソだろ……？　じゃあ俺たちがヤクザだと思ってたのって、本当は……）

あの日、自分たちは兵隊の霊を見たのだと分かり、Aさんは背筋がぞっとしたという。

二十八　浜町ホール

（太田市）

Ａさんは若い頃から年齢をごまかして複数のクラブに出入りしていたというが、中でもあえて昭和レトロな名前をつけたという浜町ホールは、Ａさんたち若者にとって大人の遊び場だったという。本場ニューヨークからＤＪが来たりするほか、売れる前の倖田來未も遊びに来ていたそうだ。

（浜町ホールはホントしゃれてるよな〜！）

ホールはラウンジフロアとメインフロアに分かれていた。ラウンジフロアにはＩ型のバーカウンターがあり、そのカウンター沿いにＳ字の通路が続いている先がメインフロアだった。メインフロアは三百人ほど収容可能で、ＤＪが曲をかけたり客が踊ったりする。

（ただ……、あの場所だけはいつも気味が悪い……）

ラウンジフロアの廊下の両端に男子トイレと女子トイレがそれぞれあったのだが、問題は女子トイレの横にある小さな空間だった。

二畳ほどのドアのないスペースはじわっとした灯りで照らされてはいるが、ほとんど真っ暗と言って差し支えない。日によってCDやTシャツが販売されたり、ネイリストが爪を塗ったりしてくれることもあった。手元に灯りが必要な時は延長コードで電源を引っ張って使用していたようだ。

物販がないときは椅子だけが置いてあり、踊り疲れた客の休憩所となっていたようだが、休憩している人を見たことはほとんどなかったという。


ラウンジで酒を買ってメインフロアで遊ぶ際、誰もがその横を通ることになる。Aさんが友人とそのスペースの横を通った時にはこんなことがあった。

（あれ？）

誰かの気配を感じて、数歩戻って覗き込む。誰もいない。

「今、誰かいたよな？」

Aさんが友人に問いを向けると、友人は、

「いや、誰もいないよ」

と答えた。

（いや、絶対に誰かがいた……！）

Aさんは気味が悪くなり、それ以来そのスペースを避けるようにしていたという。


あとで分かったことだが、そこはAさんに限らず、DJ、ダンサー、誰もが「今、誰かいたよね」と、ふっと振り返ってしまう妙な空間だったそうだ。Aさんは語る。

「先輩に聞いたんですが、あそこで物販をするときは必ず二人以上で行うというルールもあったみたいです。休むにしても落ち着かないし、どれだけ疲れても、俺は絶対座りませんでした」

クラブの常連の間では浜町ホールは〝出る〟と噂になっていたらしい。浜町ホールはその後、フィリピンパブやブラジル人オーナーのクラブと、何度か名前を変えて営業をしたが、近く取り壊されることが決まっているという。


繁盛しない酒場には霊すらおらず、霊がいるとかえって客を呼ぶという話もある。意識せずとも霊に居場所を与えることで、より人々が存在しやすい空間を自然と作っていたのではないだろうか。

貴方も何気なく振り返った時、そこに誰かがいるような気がしたら、そこにはこの世のものではないものがひっそりと紛れ、ともに楽しんでいるのかもしれない。

二十九　ボロアパート

（邑楽郡）

これはBさんという男性の体験である。Bさんは二十数年前に彼女と一緒に住み始めた同棲先で奇妙な体験をしたという。

二人は高校の同級生で、二十一歳で同棲を始めた。

「こんなに駅から近いのに、すっごく安い！　ここにしようよ」

家賃の安さが決め手となり、二人は駅から二分の二階建てアパートの一階に入居することにしたそうだ。玄関を開けるとすぐに板張りのキッチンがあり、その向こう側に和室がひとつしかなかったが、若い二人が質素な新生活を始めるにはそれで充分だったという。

入居当日、あらかた引っ越しを終えて、二人は同じ布団で眠りについた。すると深夜、

ピンポーン
とチャイムが鳴った。
（こんな時間に誰だ……？）
時間が遅かったこともあり、間違いかもしれないと、二人は不審な来客を無視して再度眠りについた。

その翌晩のことだ。また同じ時間に、
ピンポーン
とチャイムが鳴った。
（なんなんだよ……？）
古いアパートにはモニターなどついていない。Bさんが立ち上がり扉に顔を寄せて覗き穴から外を覗くが、誰もいなかった。
（いたずらか……？）

翌晩も、その翌晩も、

ピンポーン
と音は続いた。

(悪戯にしてもたちが悪い。今日こそとっつかまえてやる)

堪忍袋の緒が切れたBさんは、チャイムが鳴ったらすぐに外に出てやろうと待ち構えていた。

ピンポーン
(よしっ!!)

勢いよくドアを開けた。が、そこには誰の姿もなかった。

(嘘だろ……?)


呼び鈴は玄関の覗き穴のすぐ下にくっついているので、押してすぐ逃げられるわけはない。深夜の奇妙な呼び出し音が二週間続いた頃、Bさんは耐えかねて大家に連絡をしたという。

「毎日深夜になると呼び鈴が鳴って、うるさくてとてもじゃないが寝ていられません。どうにかしてもらえませんか?」

切実な願いに、大家も困ったように答えた。

「どうすることもできないねえ」

「そんな……。じゃあせめて、誰がやっているのか確認したいので、外で見ていてくれませんか？　本当にいつでもいいので」

「じゃあ、一日だけ……」

大家に約束を取り付け、翌晩は扉の外が確認できる場所で待っていてもらうことになった。


翌晩もやはり同じ時間にチャイムは鳴った。

ピンポーン
Bさんはすぐに大家に電話をかけた。

「今！　鳴りました!!」

すると外で見張っていた大家が電話越しにこう答えた。

「誰も来てないよ……」

「そんな……」

呼び鈴は確かに鳴るのに、大家に信じてもらうことは出来なかった。

それからも毎日毎晩、決まった時間に呼び鈴が鳴った。だが対処のしようもなく、二人は気にせず眠るようにしていた。

そんなある日のことだ。

ピンポーン
その日も呼び鈴が鳴ったが、二人はいつものように無視を決め込んだ。すると、部屋の中で
ガサガサ……　バタバタ……

と音が鳴るようになったのだ。

(なっ、なんだ?)

Bさんが慌ててキッチンに向かうが、そこはいつもと何も変わっていなかった。

さらに翌日は、
ピンポーン

に続いて、昨日とは違うところで、
ガサガサ……　バキ……
と音がする。二人は正体不明の異音に震えながらも、ただ眠るしかなかった。

するとそのうち、呼び鈴が鳴らない日が訪れた。
（今日は鳴らないな……よかった……）
ほっと息をついたその時、
ドンドン!!
と、玄関の扉を誰かが力強く叩く音がした。
ドンドン!!
あまりの恐ろしさに二人が布団の中でじっとしていると、
べた……　べた……
と室内に誰かが入ってきたような足音が聴こえた。Ｂさんは起き上がろうとしたが、
（身体が動かない……！）
金縛りにあっていて動くことが出来なかった。暗くて良く見えないが、衣装ダンスの引

き出しを乱暴に引き出す音がする。何かを漁っているようだ。すると次の瞬間、何かが足に絡みつく気配があった。何者かの手が、Bさんの足首を強い力で掴んでいる。

（殺される……!!）

そう思った瞬間に、ぱっと金縛りがとけた。

（ああ、よかった……）

その時Bさんは、自分の胸のあたりだけ、布団が盛り上がっていることに気が付いた。

（何だ？）

布団をめくると、そこにあったのは、真っ黒に染まった男の顔だった。Bさんはそこで初めてずしっとした人の重みを感じた。真っ黒い顔をした五十代ほどの男は、ものすごい形相でこちらをにらんだかと思うと、ぱっと消えてしまったという。

大家にこの話をしたところ、Bさんが見た姿に心当たりがあったようで、青い顔をしながらこう答えた。

「それは……あなたたちが入る前にこの部屋に住んでいた男性です。この部屋で、亡くなりました。その後に、あなたたちが入ったのです」

Bさんは、その場で退去を決めて家を出たという。

現在はインターネット上で簡単に事故物件を調べることが出来る。だが二十年以上前となると「この家ではこんなことがあった」という話は不動産仲介や大家が口を割らない限り、せいぜい近所の人間から聞くことくらいしか出来なかっただろう。

事故物件を公示するWEBサイト「大島てる」の運営者の大島てるさんによれば、事故物件という言葉そのものは大島氏がサイトを開設した時点（二〇〇五年）で存在していたそうだ。二〇〇九年にWEBサイト「ガジェット通信」が「大島てる」を取り上げた記事が「Yahoo！ニュース」のトップページに掲載され、初めて「大島てる」という事故物件を公示する場があると知ったという方が多いという。九〇年代には心理的瑕疵という言葉が民法判例に存在していたようだが、やはり事故物件を調べて住むことは一般的ではなかったと考えられるだろう。

死後何日も発見されなかった遺体は、顔が黒くなることがあるそうだ。もしかしたらその男性は、孤独死した無念を抱きながら、今もそのアパートに棲んでいるのかもしれない。

三十　助手席から……

（前橋市・吾妻郡）

これはKさんという四十代男性の体験である。Kさんには、幼少期から現在に至るまでに複数の不思議な体験があるという。

小学校二年生のある日、Kさんは四歳年上の姉と二人で晩御飯の買い出しに向かった。前橋市江木町の実家からお弁当屋までは徒歩十五分程度である。家族で晩御飯をとるためにお弁当を買って戻る途中、自宅まであと五分程度といったところで姉が声をあげた。

「あ！　あれ何⁉　ふわふわ浮いてる！　なんだろう？」

姉が指さした先を見ると、百メートルほど離れたところに、手のひらほどの青白く光る物体が浮いているのが見えた。

「ほんとだ‼」

青白いそれは地上から一メートルほどの低空を暫くふわふわと宙に浮いて、それからすぐ近くの家の壁をすり抜けるようにして中に入っていった。

「人魂だったのかなあ」

「そうかもねえ。初めて見た～！」

二人はそんなことを話しながら家に帰った。


翌日のことだ。

「あの家のお爺ちゃん、亡くなったそうよ」

母親がそんなことを話していて、Kさんは驚いた。

（やっぱり人魂だったんだ……）

地上から一メートルほどの高さを浮遊する魂は老人であることが多いという。反対に若い人の魂は、屋根くらいの高さまで垂直に飛ぶこともあるそうだ。Kさん姉弟が見たものは家の中に入っていったということから、亡くなる寸前で肉体から離れている魂を見たのかもしれない。


Kさんの体験はほかにもある。二十年ほど前にはこんなことがあった。Kさんは一人旅が好きで、長い休みにはよく出かけていたそうだ。冬の終わり、まだ雪の残る二月下旬のことだ。その日は吾妻郡中之条町にある四万温泉H旅館に一人で泊まった。

四万温泉の名前の由来には「四万もの病に効くことから」という説がある。開湯伝説は二つあり、坂上田村麻呂により延暦年間に発見されたという説によれば、蝦夷征討の際にこの地に立ち寄り、温泉を発見したと言われる。もう一つは源頼光の家臣・碓井貞光により発見されたという説だ。温泉としての歴史は古く、宿が開業した後は次第に温泉街となっていった。国民保養温泉地として第一号の指定を受け、上毛かるたでも「世のちり洗う四万温泉」と詠まれている。

その日、Kさんが通されたのは六畳ほどの和室が二つ並んだ部屋だった。温泉を満喫した後、夕飯を食べて部屋でくつろぎ、さて寝ようと思い布団に入りすぐに眠りについた。

夢の中でKさんは自分の車を運転していた。愛車であるトヨタ・スターレットを運転していると、ふとバックミラーが気になり、位置をなおそうと左手をのばした。すると助手席側からスッと手が伸びてきたのだ。もちろん助手席には誰もいない。

（えっ⁉）

それはすんなりした白い女の手だった。驚いたのも束の間、次の瞬間にはその手がKさんの左手首を強く掴んでいた。

「うわぁ……っ!!」

Kさんは恐ろしさのあまり声をあげて飛び起きるとあたりを見渡した。誰もいない。だが、左手には確かに誰かに掴まれた感覚が残っていたという。

Kさんはそれからも何度か一人で旅行に出かけたが、後にも先にも同じ夢を見ることはなかったそうだ。

車でのドライブは時折、人生に例えられる。この話を聞いたとき、筆者はこう考えた。夢の中、バックミラーで後ろを見るということは、この世ではない裏側の世界を見ることだと考えることもできる。そして人間には、職業や行く先の指導をする守護霊がいるといわれている。Kさんが裏側の世界を見ようとしたときに止めてくれた白い手は、守護霊だったのではないだろうか。そこにある何かを見てはいけないと、守護霊が止めてくれたのではないだろうか。守護霊は先祖であることが多い。筆者がこの話をKさんにしたところ、

Kさんは幼少のころに母方の祖母がすごく可愛がってくれていたと教えてくれた。Kさんは語る。

「もしかすると、祖母が守ってくれたのかもしれません。穏やかで、一度も怒ることもない、優しいお婆ちゃんでした」

我々は自分の知らないところで、見えない存在に護られているのだろう。

三十一　タクシードライバーの体験

（館林市）

これはYさんという男性の体験である。Yさんは栃木県出身で、もともと大宮でタクシードライバーをしていたそうだ。三年目で栃木の実家に戻ることになり、実家から通える距離にある館林のタクシー会社に転職したばかりの頃、こんな体験をしたという。

入社した当初は、会社の仕組みやルールを学ぶために、ある程度決まったルートを走ることになっている。研修中は助手席にベテランのドライバーが座り、実際にお客さんを乗せたりしながら学んでいくそうだ。研修中とはいえお客さんが支払う運賃額は変わらないので、きちんと仕事として行う必要があった。

「はじめまして、Gです。今日はよろしく」

研修の五日目は、六十代のベテランドライバーGさんが助手席に座ることになった。

Yさんいわく、タクシードライバーは基本的に地元やその近辺から来ている人が多いという。Gさんは比較的口数の多い方で、車内では世間話をしながらの教習だった。

「じゃあ、まず向こうの方に行ってみようか」

Gさんの指示で、車を発進させた。


Gさんはいつも館林の公の施設を中心に仕事をしているらしい。数件お客さんを乗せながら走った後、時計を見ると十一時くらいになっていた。

「あと一時間くらいしたら休憩にしよう。もう一組くらいは乗せられるかな」

Gさんがそんなことを言いながら、車を待機場所に停めるように指示をした。

Yさんが指示通りに待機場所に車を停めたとき、ふっとあるものに視線がとまった。

（ん……？）

Yさんが車を停めた位置の真正面には背の低い植え込みがあり、その向こう側に木が生えていた。その木のすぐそばに、白い服を着た女が立っていたという。

（人がいるなぁ……）

髪の毛の長い女は、何の表情もないまま記念館の方を見つめていた。女は身体ごと記念館の方を向いていて、Yさんはその横顔をぼんやりと見ていたそうだ。

やがて乗客が現れ、Yさんはその場を離れることになった。

数十分後に戻ってくると、先ほどの白い服の女は消えていた。

「さっきここに停まってたとき、あの植え込みの方に全身真っ白の女の人がいませんでした？」

Yさんが Gさんに問いかけた。

「え、そう？　誰かいた？」

「白い服着た人……いましたよね。気のせいかな？」

その時ちょうど、サイレンの音が聴こえてきた。消防車が数台と、覆面パトカーらしき車が三台ほど、東側にある広場に向かって走っていく。

「何かあったんですかね？」

「そうみたいだ、ちょっと聞いてくるよ」

Gさんが野次馬精神を発揮し、車を降りて様子を見に行った。空を見上げるとドクターヘリも来ている。

（結構大ごとだな……）

しばらくして戻ってきたGさんが、こう教えてくれたという。

「屋上から人が落ちたらしい。腰を粉砕骨折だってさ」

その時Yさんはふと、先ほどの女のことを思い出した。

（あれ……和服だったよな……）

よくよく考えてみるとあの女が身に纏《まと》っていたのは左前に合わせられた白い和服で、いわゆる死に装束と呼ばれるものだったのだ。

（あの時は普通の人間だと思っていたけど、もしかしてあの女が……）

そう思った瞬間、背筋を冷たいものが通り抜けたという。


凶事が起きる直前に、特徴的な存在が現れるとされる言い伝えは現代にもある。赤い服の女を見ると火事が起きる、てぬぐいを被っている女性が現れると不幸が起きる、白い女の幽霊がぐるぐる回っていると不吉なことが起きる……。

この死に装束を着た霊もまた、凶事を呼ぶ存在だったのだろうか。

女が再びこの土地に立ったとき、また誰かの身に災いが降りかかるのかもしれない。

三十二　琴平橋

（藤岡市）

これはSさんという男性の体験である。

七年前、当時三十歳だったSさんは、高校時代の同級生であるAさん、Bさんと共によく心霊スポットに出かけていたという。三人とも霊感があるが、それぞれ感じ方や見え方は違っていた。AさんとBさんは見えるタイプで、Sさんは感じるタイプだったという。

例えば、Aさんが「あそこに誰か立ってない？」と言ったとき、Sさんはいつも頭が痛み、吐き気を感じるのだそうだ。

その日はAさんの車で神流湖周辺を経由して琴平橋に向かうことになった。

「やっぱり琴平橋は鉄板でしょ。琴平橋は関東でも一、二を争うほどの有名な心霊スポットだって」

Aさんの話によれば、神流湖周辺は心霊スポットの集合地帯になっていて、琴平橋や、トンネルの手前にある電話ボックスが有名だという。

「橋では自殺する人が後を絶たないから、霊を見たり声を聴く人が多いんだって。あとは電話ボックスに女が立っていて、その女を見ると何かが起きるとか……」

神流湖に差し掛かったあたりでSさんは体調の変化を感じはじめた。

（ああ、やっぱりこの辺りは、〝いる〟んだな……）

まずはじめに噂になっている電話ボックスの横を通ったが、女が立っているということはなく、そのまま通り過ぎた。

「やっぱりそう簡単には見えないか～。橋では何かあるといいな」

この時点では友人二人はSさんの体調の変化に気が付いていなかった。

やがて琴平橋に着いて埼玉県側に車を停めたときのことだ。Sさんの座っている助手席の前、フロントガラスの丁度真ん中あたりが白く曇った。

（あれ？）

Sさんがその白く曇った場所を見ていると、友人達も気が付いたようだった。

「なんだろうな？　冬でもないのに……」

まるで外側から誰かが息を吹きかけたような白い靄だった。

（なんだか気味が悪いな……）

Sさんは体調の悪さを感じながらも車を降りて、友人達と一緒に橋を渡りはじめた。当時は自殺防止ネットも無く、見晴らしがよかったという。

（自殺が多い橋なら、もう少し対策してもいいのにな……）

そう思いながらSさんが橋の下に身を乗り出すようにして覗き込むと、

うぅううう……　うぅうううう……

と、下から唸るような声が聴こえてきた。

（動物かな？　……それとも橋の上だし風の音か？）

季節は夏で暑かったことから、Sさんはそんな風に思ったという。

やがて橋を渡り切ったところで、Aさんがこういった。

「せっかくだし、記念に写真撮ろうぜ」

群馬県側の橋の手前で、左からAさん、Bさん、Sさんという並び順。Aさんが三脚を持っていたので、その上にセルフタイマーを設定したデジカメを設置して写真を撮ったという。

「何か映ったかな？」

カメラを覗き込んで、Aさんが絶句した。

「どうした？」

Sさんが覗き込むと、デジカメの小さな画面の中で、Aさんの身体だけがぼやけて映っていたのだ。Aさんは白いTシャツにジーパンという恰好だったが、Tシャツの部分が白くブレて、ぼんやりとしていた。

「あれ、おっかしいな……もう一回撮ってみるか」

三枚撮ったうちの二枚はブレており、最後の一枚だけはようやくしっかりと映った。

「怖いなぁ、……なんでAだけブレてんだろう？」

「俺気持ちわりい……もう帰ろう」

Aさんがそのように言って車に戻ったので、あとの二人も続くことになった。

（俺も具合が悪いな……）

Sさんもそう感じていたが、車が発進してすぐにめまいがし、ぐるぐると視界が回るような感覚に陥った。

「おいおい、S、大丈夫か？　ちょっとコンビニの駐車場で休むか？」

十分ほど車を走らせてコンビニの駐車場に車を停めると、Aさんが真っ先に車を降りてコンビニへ入った。そこでもまた、おかしなことが起きた。Aさんがくぐったばかりの自動ドアを見つめたまま、Bさんがこういったのだ。

「えっ……ドア、変な動きしてる」

自動ドアは、通常ならそのまま一度閉まるはずだが、誰もいないところで閉まりかけては開き、閉まりかけては開き……と繰り返していた。まるでずっと、ドアの前に何かがいるようだったという。

コンビニの店員たちも、

「なんで閉まらないんだ?」

「おかしいっすね」

と口々に言いながら、自動ドアのあたりを確認していた。

やがてAさんが飲み物を買ってコンビニを出ると、その瞬間、スーっと自動ドアが閉まった。このとき、Sさんは嫌な予感がしたという。

(もしかしたら、Aが何か連れてきたのかも……。写真も変だったしな……)

Aさんが車で事故を起こしたのは、それからしばらく後のことだった。

Aさんはその日、夜勤に向かうために車を走らせていた。いつもと違う仕事先だったこともありカーナビで調べながら走っていたところ、いつの間にか知らない道に迷い込んでいた。

（あれ？　おかしいな、カーナビではこっちのはずだけど……）

そして一瞬目の前を何かが横切ったかと思うと、突然目の前に崖が現れたのだ。

（うわっ、危ねえっ！）

急ハンドルを切ったが、気付いたときにはガードレールに突っ込んでいたという。

左足を骨折したAさんは全治一カ月の診断を受け、仕事も休職せざるを得なくなった。

話を聞いたSさんは、嫌な予感が的中したことを知った。

「やっぱりAさ、あの時、橋から何か連れてきたんじゃないか？」

Sさんは Aさんにお祓いをすすめ、その後Bさんもあわせて三人一緒に、Sさんの家の近くの神社に出かけてお祓いをしてもらったそうだ。宮司さんの話によれば、やはりAさんに霊が取り憑いていたという。

「俺は詳しく何が憑いていたとまでは聞いていないんですが……命があって本当によかったです」

Aさんは無事に怪我も治り、今もその職場で働いている。

筆者は心霊スポットに出かけた人の体験を多く耳にしているが、興味本位で心霊スポットを訪れることはおすすめしない。

生きている人間からすればスリルを求めた故の行動だとしても、その場に集った霊にしてみれば、自宅に土足で入られたようなものだからだ。

あとがき

前作「群馬の怖い話―赤城山に百足が蠢く―」を二〇一九年の春に出版してから、もう二年が経ちました。この二年の間に、様々な出来事がありました。

前作を読み、「私もここで怖い体験をした！」と自ら志月に連絡をくださる方や、手作りの「怪異地図」を作成して飾ってくださる本屋さんもありました。一冊の本を出すことで、こんなにも多くの人とつながっていくことが出来るのだと感動したことをよく覚えています。

特に二〇二〇年は、感染症により生活が一変したことを肌で感じる一年でした。イベントを通じて対面で怪異を語ることがほとんどなくなり、取材も電話が多くなりました。怪談を愉しむには人々の心の余裕が必要で、その余裕が目に見えてなくなっていく恐ろしさも感じました。

それでも、怪異は無くなりません。この世の中に怪談がある限り、私は蒐集し続けて生きていくのだろうと思っています。

前作に引き続き、この本に収録した話もすべて体験者もしくは体験者と親しい人物から直接聞いたものです。丁寧に蒐集した怪談ではありますが、都市伝説的なものや個人の想像なども混入しているかもしれません。その人間の心の闇も含めて怪談なのだと、日々そのように感じています。

お話を聞かせてくださった皆さま、あたたかく対応くださる書店員の皆さま、事故物件についてご教示いただいた大島てるさん、いつも一緒に取材旅行をしてくれる藍上ちゃん、素敵なイラストをご提供くださいました槙戸耀春さん、ご担当いただいたTOブックス南部さん、ありがとうございました。

この本を読んだ方々の心に残る怪異があれば幸いです。

ステイホームで怪談と向き合う一月に　志月かなで

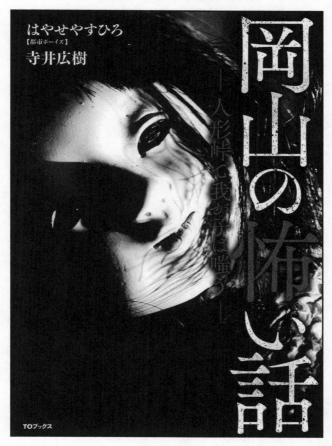

志月かなで（しづき・かなで）
実話怪談や古典朗読の語り手として活動する傍ら、執筆やプロデュース等も行う。著作に『群馬の怖い話―赤城山に百足が蠢く―』『三重の怖い話』。書籍『ミラクルきょうふ！』シリーズ企画協力、コミック『花の悪夢』原作、オーディオドラマ『十二刻』プロデュース・脚本・案内役。『東京100話 隠された物語』ナレーションなど。

イラスト　横戸耀春

群馬の怖い話 2

2021年7月1日　第1刷発行

著　者　志月かなで
発行者　本田武市
発行所　TOブックス
〒150-0002
東京都渋谷区渋谷三丁目1番1号
PMO渋谷Ⅱ　11階
電話 0120-933-772（営業フリーダイヤル）
FAX 050-3156-0508

印刷・製本　中央精版印刷株式会社

ISBN 978-4-86699-235-8
Printed in Japan